청소년을 위한
세계경제원론

세계화의 두 얼굴

지은이 **데이비드 앤드류스**

데이비드 앤드류스(David Andrews)는 경제, 역사, 과학, 수학 등 다양한 분야에 대해 관심을 가지고 글을 쓰는 전문 집필·편집자이다. 아내와 딸과 함께 시카고 지역에 살고 있다.

원서 감수 **마이클 밀러**

마이클 밀러(Michael Miller)는 미국 일리노이주 드폴(DePaul) 대학교의 경제학과 부교수이며 대학에서 우수 강의평가상을 수상하기도 했다. 미국 시카고의 라디오와 텔레비전 방송을 통해 미시경제와 미국의 금융 정책에 대한 다수의 인터뷰를 진행하고 있다.

옮긴이 **김시래, 유영채**

옮긴이 김시래는 충남 당진 출생으로 대전고와 서울대, 아주대 경영대학원(MBA)을 졸업하고 미국 일리노이대 경영대학원(SPIM)을 수료했다. 1988년 중앙일보에 입사해 편집국 산업·경제 담당 기자와 이코노미스트 편집장을 거쳐 현재는 경제부문 에디터(부국장)로 근무 중이다.
저서로는 《어린이 경제원론》《나는 박수 받을 줄 알았다(상, 하)》《장보고 해양제국의 비밀》등이 있으며, 역서로는 《우리아이 부자습관》 등이 있다.
옮긴이 유영채는 서울 출생으로 동국대 부속여고를 졸업하고 숙명여자대학교에서 영어영문학을 공부하며 전문 번역가로도 활동하고 있다.

감수 **이지만**

이지만 교수는 연세대학교 경영학과를 졸업하고 동대학원에서 석사 학위를 취득하였다. 이후 런던정치경제대학교에서 석사와 박사 학위를 받았다. 하버드대학교 한국연구소(Korea Institute)에서 객원연구원(Visiting Scholar)을, 인시아드(INSEAD) 유로아시아센터(Euro-Asia Centre)에서 연구교수(Research Fellow)를 지냈다.
현재 연세대학교에서 경영학과 교수로 재직 중이며, 연세대학교 기획실 정책부실장, 최저임금위원회 공익위원, 고용노동부 규제심사위원회 위원, 서울지방노동위원회 심판위원, 경제사회발전노사정위원회의 근로시간 특례업종 개선위원회 위원 등으로 활동하고 있다.

청소년을 위한
세계경제원론

데이비드 앤드류스 글 ┃ 김시래, 유영채 옮김 ┃ 이지만 감수

04
세계화의 두 얼굴

내인생의책

차례

※ **굵은 글씨**로 표시된 단어는 86쪽 용어설명에서 찾아보세요.

1. 손가락 하나로 움직이는 세상

과거의 세계는 지금과 사뭇 달랐습니다. 불과 백 년 전까지만 해도 세상에 어떤 일이 일어나고 있는지 알고 싶으면 신문이나 책을 읽어야 했습니다. 기차나 배를 타고 대륙을 횡단하기도 했지만 그 여행은 몇 주씩 걸리기 일쑤였지요. 사람들이 입는 옷과 먹는 음식은 주변의 마을 이나 집에서 만든 것이었습니다. 영국에 사는 **소비자**는 지구 반대편 중 국에서 일어나는 일을 상상하기조차 어려웠습니다. 중국에서 만들어진 옷을 입거나 일본에 **상품**을 가져다 파는 것은 더더욱 불가능한 일이었 지요.

🔵 세상이 작아졌다!

그러나 오늘날, 여러분은 손끝 하나로 세계를 움직일 수 있게 되었 습니다. 안방에 누워서 지구 반대편에서 일어나는 일을 속속들이 알 수 있지요. 텔레비전을 보며 세계 곳곳에서 어떤 일이 일어나는지 한눈에 볼 수 있고, 상대방이 어디에 있든 휴대전화를 이용해 이야기할 수 있어요. 마우스 클릭 한 번이면 누구와도 재미있는 대화를 나누고 가족의 사진을 보낼 수 있으며, 사회적으로 중요한 문제에 대해 토론할 수도 있습니다. 이뿐만 아니라 세계 곳곳에서 생산된 물건들도 쉽게 구매할 수 있어요. 원하는 것은 무엇이든 인터넷에서 구입할 수 있는 세상이 온 것입니다.

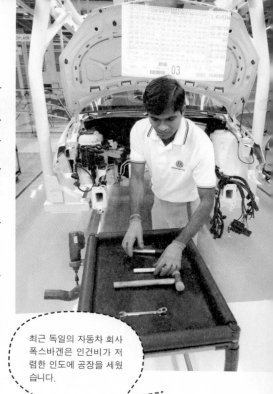

최근 독일의 자동차 회사 폭스바겐은 인건비가 저렴한 인도에 공장을 세웠습니다.

🌑 세계화란?

이처럼 세계가 상호작용하는 방식의 변화를 **세계화**라고 합니다. 이는 전 세계의 사람들과 **기업**이 기술로 연결되어 하나의 시장을 이루는 현상을 일컫는 말입니다.

고객이 어디에 사는지, 기업이 고객과 얼마나 떨어져 있는지는 더 이상 중요하지 않습니다. 인터넷과 항공, 위성 등의 기술 덕택에 세계 경제가 한 묶음이 된 것이지요. 이제 기업의 재화와 서비스는 다양한 국적의 노동자들이 생산하여 전 세계 국가에서 팔립니다. 여러분이 자주 사용하는 물건들 역시 지구 곳곳에서 만들어진 것이에요.

주요 상품의 최대 수출국

상품	국가
쌀	태국
석유	사우디아라비아
다이아몬드	남아프리카공화국
컴퓨터 소프트웨어	미국
자동차	인도
코코아	코트디부아르
섬유	중국

● 세계화의 장점

세상을 하나로 연결한다는 세계화의 개념은 실제로도 장점이 많습니다. 세계화가 이루어지면서 기업 간에 더 많은 소비자를 끌어들이기 위한 경쟁이 치열해지면 가격은 자연히 낮아집니다. 소비자들이 기업이 제시하는 가격에 의존하지 않고, 적극적으로 가격을 비교하면서 더 저렴한 물건을 구매할 수 있기 때문입니다. 세계화는 소비자들에게도 엄청난 혜택입니다.

세계화는 노동자들의 삶 역시 한층 유연하게 바꾸어 놓았습니다. 기술이 발달하면서 집과 직장을 오가는 수고를 할 필요가 없어진 것이지요. 덕분에 집에서 일하는 사람들도 늘어났습니다.

● 세계화의 단점

하지만 동전의 양면처럼 세계화에도 어두운 면은 존재합니다. 기업 간의 경쟁이 심화되면 소비자를 잃거나 많은 기업이 한꺼번에 도산하는 결과를 불러올 수 있어요. 이는 곧 여러분이 자주 다니던 동네 가게가 어느 날 갑자기 사라져 버릴 수 있다는 뜻이기도 해요. 실제로 최근 대기업이 골목 상권으로 활발히 진출하면서, 수많은 동네 슈퍼마켓이 거대한 유명 브랜드와의 경쟁에서 실패하고 문을 닫았지요.

또한 기업은 경쟁에서 살아남기 위해 노동자들을 해고하거나 값싼 노동력이 있는 나라로 공장을 옮길 수 있어요. 그리고 성장을 위해서 수단과 방법을 가리지 않는 기업으로 인해 환경오염 역시 심각해지고 있습니다.

아직은 세계화로 인해 우리가 더 행복해질지, 또는 불행해질지 단정할 수 없는 단계입니다. 그러나 우리의 삶이 한층 복잡해지리라는 것은 확실합니다. 이 책은 여러분에게 거미줄처럼 어지럽게 연결된 세상을 똑바로 바라보는 실마리를 제공해 줍니다. 세계화의 밝은 면과 어두운 면을 이해함으로써 여러분은 세계 시장에서 보다 현명한 소비자로 자라나게 될 것입니다.

2. 세계화의 뿌리

세계화는 하루아침에 이루어진 것이 아닙니다. 몇 세기에 걸쳐 일어난 역사적 산물이지요. 인류 역사의 초기에 사람들은 작은 마을을 이루어 살았습니다. 마을에서는 필요한 물건을 직접 만들어 쓰는 자급자족이 이루어졌어요. 사람들은 농사를 짓고 옷을 만들고 집을 지었습니다. 사람들이 주로 생산하는 물건은 사는 지역에 따라 달랐어요. 예를 들어 바닷가에 사는 사람들은 물고기를 잡고, 따뜻한 지방에 사는 사람들은 과일 나무를 재배하는 식이었지요. 이웃 마을 사람들이 생각하지 못한 새로운 옷감이나 도구, 발명품을 만들어 내는 사람들도 있었어요.

🫘 무역의 시작

시간이 흐르면서 사람들은 이웃 마을에 거주하는 사람들과 거래를 하기 시작했어요. 처음에는 근처에 사는 사람들과 거래를 하다가, 점점 먼 곳까지 범위를 넓혀 갔습니다. 그러면서 어떤 마을에는 특정 작물을 기르는 데 적합한 토양이 있고, 또 어떤 마을에는 도자기나 연장 같은 물건을 만드는 기술이 발달했다는 사실을 알게 되었습니다.

서로 물건을 교환하는 무역은 모두에게 이익을 가져다주었습니다. 무역이 활발해지면서 마을끼리 더 많은 물건을 교환하게 되었고, 다른 마을 사람들의 기술을 배워 오기도 했지요. 이렇게 되자 더 이상 한 마을에서 모든 것을 생산할 필요가 없어졌습니다. 무역을 통해 필요한 물건을 얻을 수 있게 되자 사람들은 특정 제품을 생산하는 데 더 많은 노력을 기울일 수 있었지요.

🐢 무역 강국의 탄생

기술이 발달하면서 국가 간 무역은 더욱 활발해졌습니다. 사람들은 배를 타고 전 세계를 항해했고, 활발하게 무역하는 국가는 점점 더 부

19세기 초 프랑스 남부 항구 도시인 보르도의 풍경입니다. 당시 무역의 중심지로 떠오른 유럽의 항구는 이와 같이 분주한 모습이었답니다.

강해졌습니다. 각국의 기업들도 전 세계를 무대로 무역을 하기 시작했지요.

무역은 인류 역사의 발전에 큰 공헌을 했습니다. 그러나 부강한 국가에 이익이 되는 대신 가난한 국가에는 씻을 수 없는 상처를 남긴 일도 많았어요. 일부 유럽 국가들은 아프리카 사람들을 노예로 **수입**하면서 자국의 생산품을 **수출**했지요. 유럽인들은 이 노예들을 미국 남부와 북부로 보내 새로운 영토를 개척하는 데 이용하였습니다. 그 결과 유럽 국가는 아프리카 등 가난한 국가에 비해 엄청난 부를 쌓았답니다.

🌐 세계화를 향한 도약

20세기로 들어서면서 전화와 비행기, 컴퓨터의 발명으로 기업의 해외 진출이 한층 쉬워지면서 무역은 더욱 흔한 일이 되었습니다. 일찍이 산업화가 이루어진 미국과 유럽의 기업들은 다른 나라에 진출해 사무실과 가게, 공장을 열기 시작했습니다. 이런 기업들을 **다국적 기업**이라고 부릅니다. 다국적 기업은 본사가 어느 나라에 있든지 상관없이 세계 곳곳으로 발을 넓혀 가고 있습니다. 노동력이 풍부하고 임금이 싼 **개발도상국**으로 공장을 옮기기도 하지요. **세금**이 더 싸다는 이유 때문에 다른 나라로 본사를 옮기는 경우도 적지 않습니다. 한 나라에 얽매이지 않는 진정한 다국적 기업의 시대가 열린 것이지요.

🌐 비교 우위와 기회비용

아직까지 세계화가 인류에게 이로운지, 아니면 해로운지 답을 내릴

세계화는 아직 끝나지 않았다?

세계화는 다양한 의미를 담고 있습니다. **경제학자**들에게 세계화는 기술의 발달로 국경이 허물어져 재화와 **자본**, 사람과 노동력이 증가하는 현상을 의미합니다. 세계화가 이루어지면 다음과 같은 변화가 일어날 거예요.

◇ 국가 간의 교역이 한층 활발해져 세계 곳곳에서 만들어진 상품을 구매할 수 있습니다.

◇ 사람들이 여행 또는 **이민**을 가거나 일자리를 구하기 위해 다른 나라로 가는 일이 쉬워집니다.

◇ 투자자들은 전 세계 어느 곳이든 자본을 투자할 수 있습니다.

◇ 인터넷 등 기술이 발달해 정보가 더 자유롭게 이동합니다.

그러나 이는 변화의 일부분일 뿐, 아직 모든 국가에서 세계화가 완전히 이루어진 것은 아닙니다. 여전히 국가 간 수많은 장벽이 존재합니다. 예컨대 이민이 쉽지 않은 나라도 있어요. 또한 북한처럼 최신 기술과 인터넷에 접근을 제한하는 나라도 있지요. 세계화는 이미 이루어진 목표가 아니라, 오늘날에도 여전히 진행되고 있는 현상이랍니다.

수는 없습니다. 세계화를 지지하는 사람들은 **경제 이론**을 근거로 제시하며 무역이 활발해지면 모든 사람의 삶이 더욱 나아질 것이라고 주장하지요.

경제학자들은 세계화가 각 나라와 개인이 가장 잘할 수 있는 일을 하게 만들어 결국 인류 전체에 이익이 될 것이라고 말합니다. 이는 나라마다 어떤 특정한 일에 더 적합하다는 사실을 전제로 하지요. 다른 일보다 비용을 적게 들이고도 더 효율적으로 잘할 수 있는 일이 있다는 것이에요. 이를 **비교 우위**라고 합니다.

비교 우위에 대해서 한 가지 생각해 보아야 할 점이 있습니다. 어떤 국가나 공동체가 무언가를 생산하기로 결정했을 때는 반드시 그 대신 포기해야 하는 것이 있어요. 이때 포기해야 하는 것을 **기회비용**이라고 일컫습니다.

만약 여러분에게 방과 후 마음껏 쓸 수 있는 3시간이 주어졌다고 생각해 보세요. 이 3시간 동안 시급 5천 원짜리 아르바이트를 한다면 1만 5천 원을 벌 수 있고, 그 대신 컴퓨터 게임을 하며 시간을 보낼 수도 있겠지요. 아르바이트를 하는 경우와 컴퓨터 게임을 할 경우, 각각의 기회비용은 얼마일까요? 우선 컴퓨터 게임을 할 경우 기회비용은 아르바이트를 했다면 벌었을 1만 5천 원입니다. 그리고 아르바이트의 기회비용은 컴퓨터 게임을 했다면 느꼈을 즐거움이겠지요.

국가는 이미 가지고 있는 비용과 자원 등 다양한 요소를 고려해 무엇을 생산할지 결정합니다. 중국에 공장이 많이 세워진 이유는 노동력이 풍부하기 때문이에요.

국가도 마찬가지로 어떤 일을 하기로 할 때 기회비용을 지불합니다. 그렇다면 국가는 무엇을 생산할지 어떻게 결정할까요? 아마도 기회비용이 가장 적은 동시에 가장 잘 만들 수 있는 상품을 생산하려고 하겠지요. 그리고 다른 나라와의 무역을 통해 국내에서 생산하지 않는 상품을 들여올 것입니다.

🫐 서로에게 좋은 무역

비교 우위와 무역의 개념이 왜 필요한지 간단한 예를 들어 볼까요?

캐나다에 사는 엘렌은 자전거를 만들고 스페인에 사는 마르코스는 의자를 만드는 데 시간을 투자합니다. 이때 자전거나 의자를 만드는 데 쓸 수 있는 **자원**(공장, 원료, 투입 시간 등)은 똑같다고 가정합니다. 그러나 각각의 제품을 만드는 데 필요한 시간이나 자원은 나라마다 다르기 때문에 다음과 같은 차이점이 발생합니다.

같은 양의 자원으로 만들 수 있는 제품의 수

엘렌이 만들 수 있는 것	자전거 20대 또는 의자 5개
마르코스가 만들 수 있는 것	자전거 10대 또는 의자 1개

위의 표를 보면, 엘렌이 자전거 20대를 만든다면 의자 5개를 만들 수 없기 때문에 이때 기회비용은 의자 5개입니다. 이와 마찬가지로 마르코스가 의자 1개를 만들 때의 기회비용은 자전거 10대가 되겠지요.

기술이 발달한 캐나다에 사는 엘렌은 마르코스보다 의자와 자전거를 더 많이 생산할 수 있습니다. 즉 엘렌이 마르코스보다 자전거와 의자를 생산하는 데 절대 우위를 가지고 있다고 할 수 있어요. **절대 우위**란 다른 사람과 똑같은 양의 자원을 투입했을 때 생산을 더 많이 할 수 있는 것을 의미합니다.

　그렇다면 엘렌은 자전거와 의자를 모두 만들고 마르코스는 아무것도 만들지 말아야 할까요? 놀랍게도 답은 '아니요'입니다. 여기서는 절대 우위보다는 비교 우위라는 개념을 생각해야 해요. 위의 표에서 알 수 있듯 엘렌은 마르코스와 비교하면 자전거를 두 배 더 만들 수 있지만, 의자를 만드는 능력은 다섯 배나 앞서지요. 즉 엘렌은 의자를, 마르코스는 자전거를 만드는 데 시간을 투자해야 유리합니다. 이렇듯 잘 만들 수 있는 물건을 각각 만든 뒤 무역을 통해 서로에게 없는 물건을 거래하면 양쪽 모두에게 이익이 되겠지요.

어떤 물건을 만들까?

엘렌	마르코스
엘렌은 자전거 20대(기회비용) 대신 의자 5개를 생산합니다.	마르코스는 의자 3개(기회비용) 대신 자전거 30대를 생산합니다.
엘렌은 이 의자 5개를 마르코스가 생산한 자전거 30대와 교환하면 10대의 자전거만큼 이득을 볼 수 있습니다.	마르코스는 자전거 30대를 엘렌이 생산한 의자 5개와 교환하면 의자 2개만큼 이득을 볼 수 있습니다.

🔵 무역이 초래하는 문제

　앞에서는 여러분의 이해를 돕기 위해 엘렌과 마르코스의 예를 들어 설명했어요. 그러나 실제로도 그럴까요? 물론 비교 우위의 개념을 생각할 때, 세계화는 모두에게 이익을 가져다주어야만 합니다. 그러나 세계는 우리가 생각하는 것보다 훨씬 복잡하게 얽혀 있습니다. 그로 인해 다양한 문제가 발생하기도 하지요.

▶▶▶ 일자리가 사라지는 문제

만약 캐나다가 스페인과의 비교 우위 때문에 자전거 생산을 그만두고 의자만 만든다고 생각해 보세요. 그렇게 되면 캐나다에서 자전거를 만들던 노동자들은 일자리를 잃게 됩니다. 이처럼 비교 우위에 바탕을 둔 무역은 국가적으로는 이득이 될지 모르지만, 특정 산업이 몰락하는 결과를 불러올 수 있어요. 이러한 산업에 종사하던 노동자들은 다른 나라에 일자리를 빼앗기는 것이지요.

▶▶▶ 불공정한 시장의 문제

국가나 기업은 더 많은 이익을 얻을 수 있는 방향으로 무역 여건을 조절합니다. 국가는 자국에 이득이 되는 무역은 자유롭게 놔두지만 조금이라도 손해가 된다 싶으면 온갖 수단을 동원해 규제하려 합니다. 기업도 마찬가지입니다. 더 큰 이윤을 벌기 위해 인건비가 싼 국가에 가서 물건을 생산하고 싶어 하지요.

▶▶▶ 양극화의 문제

세계화가 이루어지면서 다 함께 잘사는 시장이 된 것만은 아니에요. 특정 국가의 사람들만 이익을 얻을 뿐 나머지 국가는 손해를 보는 불공정한 시장이 형성되었다는 지적도 있습니다. 예를 들어 도시에 사는 사람들은 시골에 사는 사람들보다 직업 선택의 폭이 넓습니다. 인터넷 등 최신 기술에 익숙한 사람들은 고립된 지역에 사는 사람들보다 다른 나라와 쉽게 교류할 수 있지요.

게다가 가장 부유한 국가에 사는 사람들이 얻는 이득은 나머지 저개발국가가 얻는 이득보다도 훨씬 큽니다. 한마디로 부자는 더 큰 부자가 되고 가난한 사람들은 나날이 가난해지고 있는 것입니다. 게다가 이런 양극화는 더욱 가속화되고 있어요.

이 소녀들은 다국적 기업이 중국에 세운 의류 공장에서 적은 임금을 받고 오랜 시간을 일해요. 기업의 입장에서는 비용을 절감할 수 있는 효과적인 방법이지만, 그로 인해 노동자들이 열악한 환경에서 일하고 있다고 비판하는 목소리도 있습니다.

왜 규제를 할까?

국가는 기업을 규제하는 법안을 끊임없이 만들어 왔어요. 이러한 규제는 다양한 집단을 보호하는 데 큰 역할을 했습니다.

대표적인 예가 노동자를 보호하는 규제입니다. **노동조합**이 탄생하기 전까지 노동자들은 제대로 된 대우를 받지 못했어요. 기업이 돈을 많이 벌어도 그에 상응하는 보수를 받을 수 없었지요. 불만이 품은 노동자들은 서서히 뭉치기 시작했습니다. 서로 힘을 합쳐 조합을 만들고, 정당한 임금을 주지 않으면 태업(일부러 생산 속도를 늦춤) 또는 파업(집단적으로 작업을 멈춤)을 하기도 하면서 노동자들은 힘을 키워갈 수 있었지요. 이러한 노력이 계속되자 노동자에 대한 처우가 개선되어 더욱 높은 임금을 받고, **연금**과 같은 혜택도 받게 되었어요. 서양의 각국 정부는 노동자의 권리를 인정하고 기업이 노동조합을 설립하도록 규제하는 법안을 제정했습니다.

반대로 기업을 보호하기 위한 규제도 있습니다. 거대한 기업이 막강한 힘을 휘두르며 중소기업을 말살시키는 것을 막기 위해서이지요. **독점**을 방지하기 위해서도 규제는 필요합니다. 우리나라에도 대기업의 횡포를 막기 위한 기관인 공정거래위원회가 있어요.

또한 소비자를 보호하기 위해서 기업이 생산하고 판매하는 제품이 안전한지, 광고가 너무 과장되지는 않았는지 판단해 규제를 합니다. 우리나라에서는 소비자보호원이 그런 역할을 하지요.

최근 들어 각국의 정부는 환경을 보호하기 위한 규제 법안을 제정하는 데도 박차를 가하고 있습니다. 환경 관련 법률은 기업이 유해물질을 배출하거나 나무를 함부로 베어내는 등 환경을 오염시키지 못하도록 막는 역할을 합니다.

3. 국제 무역

국제 무역도 결국은 시장에서 물건을 사고파는 일입니다. 물건을 파는 사람이 있으면 사는 사람이 있게 마련입니다. 이와 마찬가지로 한 나라가 수출, 즉 물건을 팔면 다른 나라는 수입, 즉 물건을 삽니다.

국가 간의 무역에서는 어떤 물건이 거래되며, 가격은 어떻게 결정될까요? 이 역시 시장과 마찬가지로 **수요**와 **공급**에 의해 결정됩니다.

🫘 수요와 공급의 법칙

수요와 공급의 법칙은 **경제학**의 핵심이며, 사람들이 한정된 돈과 자원을 어떻게 쓰는지 연구한 결과입니다. 공급은 한 사람이 일정 가격에 얼마만큼의 상품을 팔고자 하며 팔 수 있는지를 나타냅니다. 그리고 수요는 한 사람이 일정 가격에 얼마나 많은 상품을 살 의향이 있고 살 수 있는지를 나타내지요. 여기서 공급량과 수요량이 다르다면 어떤 일이 벌어질까요? 가격에 변동이 생기겠지요.

만약 현재 가격이 10만 원인 코트가 있다고 생각해 봅시다. 그리고 이 가격에 코트 100벌(공급량)을 만들 의향이 있고 그럴 능력도 있는 **생산자**가 있습니다. 10만 원에 팔면 **이윤**을 얻을 수 있다고 생각하기 때문입니다. 그런데 수요량이 50벌뿐이라 50벌은 팔지 못하고 남는다면 어떨까요? 나머지 코트를 모두 팔기 위해서 생산자는 가격을 7만 5천 원으로 낮춥니다. 그러면 10만 원이 비싸다고 느끼던 사람들이 이제는 가격이 저렴하다고 생각해 코트를 사 입습니다. 새롭게 가격을 매긴 결과 수요량은 증가하여 생산자는 나머지 코트를 모두 팔 수 있지요. 이렇듯 수요량과 공급량이 일치하는 지점의 가격을 **균형 가격**이라고 합니다.

🏀 무역의 득실

세계화는 국가 간의 수요와 공급에도 큰 영향을 미칩니다. 예를 들어 볼까요? 중국에서는 우리나라보다 훨씬 적은 비용을 들여 물건을 생산할 수 있어요. 더구나 우리나라 시장에 수출할 때도 우리나라에서 생산한 물건보다 저렴한 가격에 팔 수 있지요. 싼 가격의 중국산 코트가 수입되면 자연히 전체 코트의 가격은 떨어질 수밖에 없어요. 사람들이 너도나도 값싼 제품을 원하기 때문이에요. 우리나라 기업이 중국의 기업과 경쟁하기 위해서는 생산 방법을 바꾸어 원가를 낮추거나 손해를 보고 팔아야만 하겠지요.

또 다른 측면을 살펴봅시다. 그동안 중국의 코트 회사는 자국의 국민들에게는 저렴한 가격에 코트를 공급해 왔습니다. 그러나 수출을 통해 더 높은 가격을 받게 되면서, 이제는 중국에서도 비싼 가격을 받고 싶어 합니다. 그리하여 코트 회사는 제품의 가격을 올립니다. 이제 중국인들은 더 이상 예전의 가격에 코트를 살 수 없게 됩니다. 중국의 소비자들이 코트를 사고자 하는 수요는 감소하겠지요.

자, 결과는 어떻게 되었나요? 중국의 회사는 수출을 함으로써 우리나라에서 큰돈을 벌었고 우리나라의 소비자들은 값싼 코트를 살 수 있었습니다. 그러나 우리나라의 코트 회사는 소비자를 잃고 큰 손해를 입었고 중국의 소비자는 더 이상 값싼 제품을 살 수 없게 되었지요.

🫘 무역 불균형

모든 나라가 각기 다른 종류의 상품을 만들어 서로 사고판다면 가장 이상적이겠지요. 그러나 실제로 이런 일은 일어나지 않습니다. 다른 나라에 물건을 많이 팔면서도 그 나라에서 생산되는 물건을 거의 사지 않는 경우도 있어요. 이것이 바로 **무역 불균형**입니다.

오늘도 각국의 컨테이너 선박들은 엄청난 양의 상품을 싣고 세계 곳곳을 누비고 있답니다.

무역 불균형은 임금 수준이 낮은 개발도상국이 특정 물건을 더 값싸게 만들 수 있기에 일어날 수도 있습니다.

통화의 가치로 인해 무역 불균형이 일어나기도 해요. 국가 간 통화의 가치는 매 순간 변합니다. 어떤 시점에 미국 달러화의 시장 가치가 중국 위안화의 가치보다 높아지면 미국에 상품을 수출하는 중국의 기업은 전과 똑같이 파는데도 더 많은 수입을 거두게 되는 셈입니다. 왜냐하면 중국 위안화로 바꿀 때 전보다 많은 돈을 받을 수 있기 때문이지요.

미국 소비자들의 입장에서는 중국 제품의 가격이 더욱 내려가므로 더 많은 제품을 사려고 할 거예요. 반면 미국 기업이 만든 제품의 가격은 상대적으로 높아지고, 그 결과 미국 제품을 사려는 수요는 줄어들겠지요.

🫘 무역 적자와 무역 흑자

이처럼 일부 국가는 수출하는 것보다 더 많은 제품을 수입합니다. 이럴 때 **무역 적자**를 기록했다고 말합니다. 반대로 수입하는 것보다 수출하는 양이 많다면, **무역 흑자**를 기록했다고 할 수 있어요.

얼핏 적자는 나쁘고 흑자는 좋은 것이라고 생각하기 쉬워요. 물론 무역 적자를 기록할 경우 자본이 다른 나라로 흘러가고, 그 결과 필요한 만큼 생산을 하지 못하는 문제가 생길 수 있지요. 오랫동안 무역 적자를 보는 나라는 점점 가난해지고 세계 시장에서 약자의 위치에 서게 됩니다.

그러나 무역 적자가 무조건 나쁜 것은 아닙니다. 예를 들어 중국이 미국의 국채를 사들이는 등 금융 상품에 투자를 한다면 미국은 일시적으로 무역 적자를 낼 수 있어요. 이때 중국이 투자한 돈은 미국의 기업과 정부에 공급되어 새로운 공장이나 도로를 건설하는 등 경제를 발전시키는 데 도움을 주지요. 이 무역 적자는 미국이 중국에 돈을 갚으면 사라지게 됩니다.

대체 나랑 무슨 상관이지?

통화 강세와 약세

우리나라 통화가 강세를 보일 때 좋은 점은 무엇일까요? 평소에는 잘 느낄 수 없겠지만, 다른 나라로 여행을 간다면 분명히 알 수 있을 거예요.

만약 여러분이 미국에 여행을 가면서 1백만 원을 들고 간다고 생각해 보세요. 만약 환율이 1달러에 800원이라면 이 돈을 1,250달러로 환전할 수 있습니다. 이렇게 되면 여러분은 더 좋은 숙소에서 잘 수 있고 우리나라에 돌아올 때 멋진 선물을 사올 수도 있을 거예요.

그런데 1년이 지나 환율이 1달러에 1,000원으로 올랐을 때, 즉 원화가 달러화에 비해 약세를 보일 때 미국에 간다면 어떻게 될까요? 예전에는 1백만 원을 1,250달러로 환전할 수 있었지만 이제는 같은 돈을 가지고도 1,000달러밖에 받을 수 없겠지요. 즉 250달러만큼 손해를 보기 때문에 1년 전에 여행을 갈 때보다 선물도 조금 사고 허름한 숙소에서 자며 돈을 아껴야 한다는 뜻입니다. 손해를 보는 것은 여러분만이 아니에요. 여러분이 돈을 아끼게 되면 관광 수입을 벌어야 하는 미국의 기업에도 타격이 됩니다. 이와 반대로 미국에서 우리나라에 여행을 온다면 1년 전보다 많은 물건을 살 수 있고, 우리나라에 진출한 미국의 기업도 더 큰돈을 벌게 되겠지요.

🖼️ 통화 가치란 뭘까?

　돈의 가치는 어떻게 알 수 있을까요? 통화의 가치를 가늠하는 가장 좋은 방법은 그 돈을 가지고 무엇을 살 수 있는지 살펴보는 거예요. 주어진 통화로 얼마나 많은 물건을 살 수 있는지 알려주는 지표가 바로 구매력입니다. 구매력을 측정하기 위해 경제학자들은 옷이나 의약품, 교통비와 같은 상품을 정해 각 나라별로 가격이 얼마인지 비교하지요.

　구매력은 개인 또는 국가의 부를 결정하는 요소입니다. 환율은 각국 통화의 가치를 한눈에 볼 수 있도록 나타내지만, 환율만으로는 국가가 부유한 정도를 판단할 수 없답니다. 어떤 나라의 사람이 다른 나라의 사람보다 얼마나 부유한지는 단지 그들이 벌어들이는 소득만 봐서는 알 수 없어요. 정해진 소득으로 어떤 물건을 얼마나 살 수 있는지, 즉 구매력을 꼭 살펴봐야 합니다.

> 환율은 각기 다른 종류의 통화를 한눈에 비교할 수 있도록 화면에 표시됩니다. 그렇지만 통화의 가치를 판단하는 절대적인 기준이 될 수는 없어요.

🥢 자율 조정

통화의 가치는 무역과 환율에 의해 자율적으로 조정되기도 합니다. 앞에서 미국과 중국의 통화 가치에 따라 무역 불균형이 일어나는 현상을 설명했지요? 미국 달러화의 가치가 중국 위안화의 가치보다 높을 때, 중국 기업은 미국에 저렴한 가격으로 더 많은 제품을 수출합니다. 미국의 소비자들은 중국 제품을 원하게 되어 더 많은 달러를 소비합니다. 그러나 이렇게 무역 적자가 심화되면 달러는 계속해서 다른 나라로 흘러갑니다. 결국 미국 달러화의 가치는 떨어지게 되지요.

4. 무역 장벽

옛날에는 먼 나라와 무역을 하려면 많은 시간과 돈이 필요했습니다. 불과 100년 전까지만 해도 사람들은 꼭 필요한 것이 아니면 해외에서 물건을 살 엄두도 낼 수 없었어요. 왜냐하면 운송하는 데 비싼 값을 치러야 했고 물건을 싣고 오는 배를 오랫동안 기다려야 했기 때문이지요. 그리하여 가급적 가까운 곳에서 만들어진 물건을 구입하거나 직접 만들어 쓰는 경우가 대부분이었습니다.

오늘날에는 비행기나 배로 물건을 운반하는 것이 더욱 쉬워졌습니다. 비용도 저렴할 뿐더러 훨씬 빠르지요. 인터넷이 발달하면서 정보를 전 세계에 보내는 일도 더 자유로워졌습니다. 하지만 무역을 하려면 여전히 비싼 값을 치러야 해요.

🏐 무역 장벽이란?

우리나라가 외국에서 물건을 수입하면, 똑같은 물건을 생산하던 사람들은 일자리를 잃게 될 것입니다. 이들을 보호하기 위하여 국가는 자국에서 만들어진 제품 역시 경쟁력을 갖출 수 있도록 조치를 취합니다. 외국 기업의 물건이 지나치게 많이 들어오지 못하도록 규제하는 무역 장벽의 예로는 **관세**나 **보조금**, **할당제** 등이 있어요.

▶▶▶ 관세

관세란 수입업자가 상품을 들여올 때 반드시 내야 하는 세금입니다. 관세는 수입되는 상품의 가격을 자국의 상품과 비슷한 수준으로 올려 자국의 기업이 값싼 물건을 들여오는 외국 기업과 경쟁할 수 있도록 도와주는 역할을 합니다.

▶▶▶ 보조금

수입품이 쏟아져 들어올 때 정부는 국내 기업들에게 보조금을 지급하기도 합니다. 보조금은 기업의 생산비를 줄여 주는 역할도 하지만, 특정 산업을 육성하기 위해 지급하기도 합니다.

▶▶▶ 수입할당제

수입할당제란 한 국가에 수입될 수 있는 최대 물량을 정해 두어 외국 기업의 물건이 지나치게 많이 들어오는 것을 막는 제도입니다. 수요의 나머지는 국내 기업이 생산해 판매합니다.

🫘 무역 장벽의 효과

무역 장벽은 자국의 기업이나 노동자를 보호하기 위한 장치이지만, 한편으로는 다른 나라의 기업에 부정적인 영향을 미치기도 합니다. 국내 제품에 혜택을 주는 정책이므로 그 나라에 상품을 수출하는 기업에는 걸림돌이 될 수 있어요. 무역 장벽은 수입 제품의 가격을 올려 국내의 소비자들에게도 영향을 줍니다.

보조금은 기업이 경쟁을 거치지 않고도 상품을 저렴하게 공급하는 수단이 됩니다. 정부가 생산 비용의 일부를 지불하기 때문에 기업은 낮은 가격으로 물건을 팔고도 충분히 이윤을 낼 수 있어요.

🫘 무역의 부작용 줄이기

오늘날 세계 시장에서 자유무역은 피할 수 없는 추세가 되었습니다. 그러나 여전히 무역을 가로막는 수많은 장벽이 존재합니다. 세계 각국 정부는 관세와 보조금, 수입할당제 등의 정책을 만들어 자국의 산업을 보호하고 있어요.

정상회담이나 국제회의 등 각국의 지도자들이 모인 자리에서 자유무역에 대해 논의하는 것을 볼 수 있어요. 그러나 규제가 전혀 없다면 자국의 산업이 붕괴될 수도 있기 때문에 섣불리 결정할 문제는 아니지요. 무역 장벽을 없애 수입품을 값싸게 들여오도록 허가를 한다 해도, 무역 상대국이 비슷한 조치를 취하지 않으면 자국의 기업들이 피해를 볼 수 있기 때문이에요. 그러므로 각국 정부는 관세와 같은 무역 장벽을 낮추는 등 무역을 원활하게 하기 위해 서로 합의하는 과정을 거칩니다.

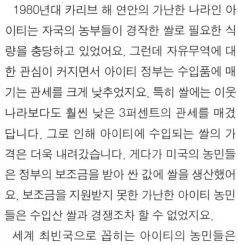

아이티의 쌀 문제

1980년대 카리브 해 연안의 가난한 나라인 아이티는 자국의 농부들이 경작한 쌀로 필요한 식량을 충당하고 있었어요. 그런데 자유무역에 대한 관심이 커지면서 아이티 정부는 수입품에 매기는 관세를 크게 낮추었지요. 특히 쌀에는 이웃 나라보다도 훨씬 낮은 3퍼센트의 관세를 매겼답니다. 그로 인해 아이티에 수입되는 쌀의 가격은 더욱 내려갔습니다. 게다가 미국의 농민들은 정부의 보조금을 받아 싼 값에 쌀을 생산했어요. 보조금을 지원받지 못한 가난한 아이티 농민들은 수입산 쌀과 경쟁조차 할 수 없었지요.

세계 최빈국으로 꼽히는 아이티의 농민들은 평생 쌀농사를 지어 왔기 때문에 다른 일을 해본 적이 없었어요. 그러나 쌀농사를 계속 짓다가는 생계를 유지할 수가 없었기에 쌀을 포기하고 다른 농작물을 재배하는 농부들이 생겨났습니다. 대부분은 오랫동안 지켜온 땅을 버리고 고향을 떠나야만 했지요. 농사를 짓던 사람들은 다른 일자리를 찾기 위해 다른 도시나 주변 국가로 뿔뿔이 흩어졌답니다. 모든 것이 미국과 아이티의 무역 정책 때문에 일어난 일이랍니다. 특히 미국의 보조금 정책은 멀리 아이티의 농부들에게까지 영향을 미쳤지요. 이처럼 무역 장벽은 예상치 못한 부작용을 가져오기도 합니다.

아이티의 농민들은 정부의 자유무역 정책 때문에 생계를 꾸려가는 데 어려움을 겪었어요. 설상가상으로 2010년에는 아이티 전체를 피폐하게 만든 거대한 지진이 일어났지요.

🔵 관세 및 무역에 관한 일반 협정(GATT)

제2차 세계대전(1939~1945) 이후 세계 각국은 전쟁으로 무너진 경제를 재건하기 위해 무역을 장려했습니다. 그리하여 보다 자유로운 무역을 위해 관세와 할당제 등 국제 무역을 제한하는 정책을 최대한 줄이는 데 합의했지요. 미국을 비롯한 세계 23개국은 1947년 미국 뉴햄프셔주의 **브레튼우즈**에 모여 '관세 및 무역에 관한 일반 협정(GATT, General Agreement on Trade and Tariffs)'을 맺었습니다.

해를 거듭하며 더 많은 국가가 이 협정에 이름을 올렸고, 국가 간의 무역은 더욱 자유로워졌습니다. 1994년까지 120개 이상의 국가가 여기에 서명했으며, 점차 국제 무역을 다루는 공식 기구를 설립해야 한다는 공감대가 형성되기 시작했습니다.

🔵 세계무역기구(WTO)

그러한 필요성에서 만들어진 것이 바로 세계무역기구(WTO, World Trade Organization)입니다. 관세 및 무역에 관한 일반 협정(GATT)과 마찬가지로, 세계무역기구는 자유무역을 제한하는 무역 장벽을 줄이기 위해 설립된 조직입니다. 참가국끼리 무역 분쟁을 겪을 때 조정과 합의를 이끌어 내는 역할을 하지요. 그러나 세계무역기구를 비판하는 사람들도 있답니다(32페이지를 참고하세요).

🔵 국가 간의 무역 협정

관세 및 무역에 관한 일반 협정(GATT)과 세계무역기구(WTO)가 전

세계를 아우르는 무역 협정이라면, 비슷한 지역의 국가들끼리 서로
의 이익을 위해 **무역 블록**을 만들기도 합니다. 해당 지역 안에서는 서
로 장벽을 두지 않고 자유로운 무역을 하자고 약속하는 것이지요.

▶▶▶ 유럽연합(EU)

1993년 탄생한 유럽연합(EU, European Union)은 유럽의 정치·경제적
통합을 실현하기 위하여 유럽 12개국이 참가하여 출범한 연합기구로,
회원국 간의 자유무역에 합의하고 화폐를 유로화(€)로 통일해 무역이
더욱 쉽도록 하였습니다. 2012년 현재까지 가맹국은 총 27개국이며,
2013년 7월에 크로아티아가 28번째 회원국 가입을 앞두고 있습니다.

세계무역기구(WTO)를 비판하는 사람들

세계무역기구는 국가 간 무역을 증진시키기 위한 목적으로 만들어진
국제기구입니다. 그러나 가난한 국가는 배제한 채 부유한 국가에만 유리
한 정책을 쏟아내고 있다며 비판하는 목소리도 있습니다.

자유무역에 반대하는 사람들은 세계무역기구 회의가 있을 때면 건물
앞에서 시위를 열어요. 회의에서 채택된 협정이 부유한 나라와 기업에만
유리하게 작용할 뿐만 아니라, 이 협정 때문에 개발도상국의 가난한 농
민과 공장 노동자들이 **착취**당할 수 있다고 생각하기 때문이에요. 앞에서
다루었던 아이티 농민들 역시 자유무역의 결과 더 비참한 빈곤의 늪으로
빠져들었다는 것이지요. 세계화로 인해 큰 타격을 입는 사람들은 가난한
국가의 노동자들이므로 이들을 보호하기 위한 강력한 규제가 필요하다
고 주장합니다.

▶▶▶ 카리브공동체(CARICOM)

카리브공동체(CARICOM, Caribbean Community)은 1973년 중앙아메리카와 카리브 해 연안의 15개국이 모여 서로 간의 무역 분쟁을 해결하려는 목적으로 만든 모임입니다.

▶▶▶ 북미자유무역협정(NAFTA)

북미자유무역협정(NAFTA, North American Free Trade Agreement)은 캐나다, 멕시코, 미국 등 북아메리카의 국가들이 모여 1992년 체결한 협정입니다. 현재까지 세계에서 가장 규모가 큰 단일 시장을 형성하고 있습니다.

2009년 인도네시아 자카르타의 무역부 앞에 모인 시위자들은 국제 무역과 WTO 협정이 전 세계의 가난한 노동자를 착취하고 있다며 항의하는 집회를 열었습니다.

5. 세계화와 기업

　여러분이 스케이트보드를 만드는 기업을 운영하고 있다고 상상해 보세요. 기업은 해를 거듭하며 적정한 가격에 품질 좋은 제품을 만들어 판매하는 가운데 순조롭게 운영되고 있습니다. 회사의 직원들도 열심히 일하며 정당한 보수를 받지요. 다시 말해 아주 크지는 않지만 안정된 **수익**을 거두는 회사입니다.

　이런 경영 환경이 계속 유지되기만 하면 여러분은 안정된 이윤을 얻으며 회사를 운영해 나갈 수 있겠지요. 그러나 성공한 기업의 경영주들은 하나같이 "전진하지 않는 것은 후퇴하는 것과 같다."고 말합니다. 특히 세계화의 시대에는 국내 기업뿐만 아니라 전 세계의 기업과 경쟁해야 하므로, 변하지 않으면 살아남을 수 없게 됩니다. 세계화는 곧 무한 경쟁 시대를 의미합니다.

스케이트보드를 만드는 회사 역시 세계 시장의 험난한 경쟁을 피해갈 수 없습니다.

🏷️ 무한경쟁에서 살아남기

스케이트보드를 만드는 여러분의 회사가 '계속 지금처럼 경영하면 된다.'는 생각을 고수한다면 어떻게 될까요? 아마도 경쟁에서 살아남기 어려울 것입니다.

세계화가 진행되면서 경쟁은 더욱 치열해졌습니다. 중국에 공장을 가지고 있는 해외의 스케이트보드 회사가 우리나라에 제품을 들여올 수도 있어요. 중국은 임금과 원가가 훨씬 싸기 때문에 제품의 가격 또한 우리나라 제품보다 저렴하겠지요. 또는 스케이트보드를 만드는 원재료인 나무를 남아메리카의 회사에서 값싸게 수입해 제품 가격을 4분의 1로 낮춘 기업이 있다면 어떨까요? 품질이 다소 떨어지더라도, 소비자들은 가격만 보고 값싼 해외 제품을 구입하겠지요.

그뿐만 아니라 전 세계의 스케이트보드 회사는 인터넷으로 제품을 홍보하고 있습니다. 이제 온라인을 통해 세계 어느 곳에서든 저렴하고 품질 좋은 제품을 비교하면서 고를 수 있는 시대가 열린 것이지요. 그리하여 여러분의 회사 제품을 사던 고객도 인터넷으로 가격을 비교하며 값싸고 품질 좋은 스케이트보드를 사려고 하겠지요. 이제는 세계 최고의 제품을 만들지 못하면 살아남을 수 없는 세상이 된 셈입니다.

● 경쟁에서 살아남는 길

세계화라는 새로운 세상에서 기업은 경쟁하지 않으면 무너질 수밖에 없습니다. 대신 모두에게 똑같은 경쟁의 기회가 주어진다는 점은 분명 매력적입니다. 여러분은 인터넷 웹사이트를 만들어 전 세계 사람들에게 스케이트보드를 판매할 수 있어요. 이렇게 되면 여러분에게는 더 큰 이윤을 얻을 수 있는 새로운 시장과 기회가 주어지는 것입니다.

그러나 경쟁 기업이 더 싼 가격으로 제품을 판매하고 있다면 어떻게 해야 할까요? 비용 절감을 위해 공장의 노동자들에게 지불하던 임금을 깎아야 할 것입니다. 그러려면 숙련 노동자를 숙련이 덜 된 초보 노동자로 대체해야겠지요. 결국 값싼 노동자가 많은 중국이나 인도 등 다른 나라로 공장을 옮기게 될 수도 있어요.

이뿐만 아니라 기업은 비용을 절감하기 위해 온갖 방법을 동원해야 해요. 목재를 더 싸게 공급하는 회사를 다른 나라에서 찾거나 저렴한 가격에 홍보 등 서비스를 제공하는 사람을 고용할 수도 있겠지요. 이런 노력으로도 견디지 못한다면 결국 공장의 문을 닫아야 합니다. 경매에

붙여져 헐값에 팔릴 가능성도 크겠지요.

🫘 기회와 위기가 공존하는 세상

이처럼 세계화는 일부 국가 또는 지역에 이익이 되는 반면, 어떤 경우에는 큰 손실이 되는 양면성을 함께 지니고 있습니다. 세계화가 진행되면 유능한 노동자들은 임금을 더 많이 받을 수 있는 다른 지역으로 이동합니다. 이렇게 되면 노동자들이 빠져나간 지역은 일손이 모자라고, 노동력이 이동한 지역은 반대로 이득을 보게 되지요. 그리고 시간이 흐를수록 노동력 편중 현상은 점점 심화됩니다.

인터넷 세상에서도 마찬가지로 기회와 위기가 공존합니다. 인터넷은 여러분이 스케이트보드를 판매할 수 있는 다양한 경로를 찾아 주지요. 고객들 역시 값싸고 품질 좋은 제품에 만족할 것입니다. 하지만 가격을 낮춘다고 해서 품질까지 낮아진다면 고객들은 가차 없이 떠나 버릴 거예요.

🫘 해외 시장을 찾는 기업들

자본주의는 정부 기관보다는 주로 개인과 기업이 농산물이나 공산품을 생산하고 그 생산 수단을 통제하는 경제 체제입니다. 자본주의 체제에서 기업이 추구하는 것은 바로 성장이지요. 이러한 상황에서 세계화는 거대 기업이 성장할 수 있는 발판을 마련해 주었어요.

이 기업들은 성장을 거듭해 세계 시장을 지배할 수 있을 만큼 몸집을 키우고 있어요. 이미 자국 내 많은 지역에 상점과 사무실을 두었으

기업이 성장을 추구하는 데는 주주들의 영향도 있습니다. 주주란 기업의 **주식**을 소유한 사람을 일컫는 말이에요. 모든 주주는 기업의 일부를 소유한 것이나 마찬가지이므로 기업을 운영하는 방향에 대해 중요한 의견을 제시할 권리가 있지요. 주주들의 가장 큰 목표는 주식의 가치가 오르는 것입니다. 기업이 벌어들이는 이윤이 늘어나야 주가가 올라가고, 주주들은 이익을 얻을 수 있기 때문입니다. 그러므로 주주들은 기업이 끊임없이 성장해 이윤을 극대화하기를 바랍니다.

면서도 결코 만족하지 않고 더 많은 이윤을 위해 세계로 진출하려고 합니다.

▶▶▶ 월마트

미국의 월마트는 세계에서 가장 큰 소매상점입니다. 1990년대에 이미 미국 전역에 점포를 가지고 있었지요. 그리고 더 큰 수익을 내고 성장하기 위하여 세계 시장을 공략하기 시작했어요.

그러나 월마트는 나라마다 다른 전략을 써야 했습니다. 외국 기업의 투자를 제한하는 규제가 심한 일본과 인도에 진출할 때는 현지의 회사와 협력해 점포를 열었어요. 러시아 시장에 진입하기 위해 모스크바에 회사를 열었으며, 칠레에서는 지역 내 소규모 유통업체들을 인수하였습니다. 영국 시장을 공략할 땐 ASDA(영국의 대형 슈퍼마켓 회사)를 인수했지요. 그러나 독일이나 우리나라에서는 수익을 올리지 못해 매장을 철수하기도 했습니다.

현재 월마트는 세계 각국에 3,400개 이상의 매장을 가지고 있어요. 미국의 경제 신문인 〈월 스트리트 저널〉은 "월마트는 수입의 4분의 1 이상을 해외에서 벌어들인다."고 보도하기도 했답니다.

▶▶▶ HSBC

세계적인 영국계 은행 HSBC 역시 전 세계로 뻗어 나가기 위해 독특한 전략을 내세웠습니다. 대부분의 기업이 유럽이나 미국, 호주, 일본 등 선진국에 진출하는 데 비해 '이머징 마켓', 즉 중국이나 남미 등 떠오르는 신흥 시장에 초점을 둔 것입니다. 이머징 마켓은 아직 산업이 고도로 발달하지는 못했지만 세계화로 인해 빠르게 성장하고 있는 시장을 말합니다.

HSBC가 이런 전략을 택한 이유는 무엇일까요? HSBC는 미국이나 유럽의 경우 이미 은행이 전 지역에 퍼져 있어 더 이상 크게 성장할 여지가 없다고 판단했습니다. 반면 남미와 아시아, 중동의 국가에서는 경제가 급성장하고 있으며 국제 무역 역시 활발하게 이루어지고 있어요. 하지만 금융 시장은 발달하지 못했습니다. 그래서 이들 나라에 진출해 사업을 확장하는 전략을 쓰기로 한 것이지요. 2004년까지만 해도 HSBC는 수익의 60퍼센트를 영국, 미국 등 선진 7개국에서 거두었지만, 2007년 이후로는 수익의 대부분을 이머징 마켓 국가에서 얻고 있답니다.

HSBC는 세계화로부터 한 가지 교훈을 얻었습니다. 세계는 어느 때

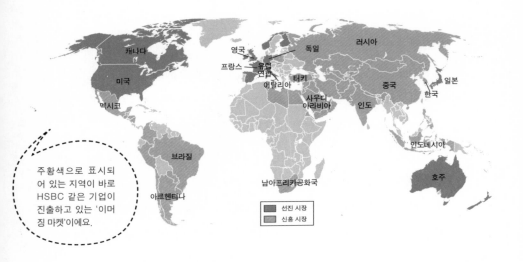

주황색으로 표시되어 있는 지역이 바로 HSBC 같은 기업이 진출하고 있는 '이머징 마켓'이에요.

보다도 긴밀하게 연결되어 있지만, 모든 시장과 국가는 다르다는 점입니다. 영국에서 통하는 전략이 이집트나 태국에서는 통하지 않을 수도 있거든요. 현재 HSBC는 '세계적인 지역 은행'이 되려는 목표를 내세워, 향후 진출하려는 각 지역 시장과 문화가 지닌 특성을 연구하는 데 집중하고 있어요. 세계화 추세에 발맞추어 경영 전략을 수립한 것이지요.

🔵 중소기업도 세계화 바람

세계화로 인해 이득을 얻는 것은 월마트나 HSBC 같은 거대기업만이 아닙니다. 소규모의 기업 역시 전 세계를 연결하는 세계화의 물결 속에서 새로운 기회를 찾아내고 있어요. 인터넷이 등장하면서 이러한 중소기업들은 큰돈을 들이지 않고도 전 세계의 소비자들과 만날 수 있게 되었습니다. 유통망과 지불 체계가 이미 갖추어져 있기 때문에, 웹 페이지 하나만 만들면 모든 준비가 끝나지요. 인터넷만 연결되어 있다면 누구라도 이 기업이 생산한 제품을 구매할 수 있는 길이 열린 것입니다.

이렇게 되자 중소기업이나 개인들까지도 세계 시장에서 대기업과 경쟁할 수 있게 되었습니다. 이런 사실을 처음으로 깨닫고 사업화한 회사가 그리어앤드어소시에이츠(Greer & Associates)입니

세계화 시대가 열리면서 사람들은 거실에 앉은 채로 컴퓨터를 이용해 기업을 경영하고 상품을 만들어 판매할 수 있게 되었습니다.

다. 상품 안내 책자에 필요한 상업용 사진을 찍는 이 회사는 인터넷을 효과적으로 활용해 성공을 거두었답니다. 또한 최신 컴퓨터 기술에 적극 투자해 대기업 못지않은 품질을 만들어낸 결과 세계적인 기업이 되었지요. 즉, 이제는 개인이나 중소기업도 좋은 품질의 상품을 저렴하게 생산한다면 세계 시장에서 경쟁력을 발휘할 수 있게 된 것입니다.

중소기업이 대기업보다 낫다고요?

시시각각 변화하는 세계에서 중소기업을 운영하며 경쟁해 나가는 일은 어렵기만 할까요? 작은 기업은 큰돈을 투자하거나 비싼 광고를 내보낼 수 없어요. 그 대신 기술이나 소비자의 요구에 발맞추어 빠르게 적응할 수 있다는 장점이 있습니다. 의사결정에 참여하는 사람이 적을수록 중요한 사안을 쉽고 과감하게 결정할 수 있기 때문이에요.

세계적인 기업을 어떻게 만들까?

기업을 경영하는 일은 결코 쉽지 않지만, 오늘날의 기술을 잘 활용하면 불가능한 일은 없어요. 여러분도 기업을 직접 운영해볼 수 있답니다.

제품 만들기

가장 먼저 해야 할 일은 바로 세계 시장에서 판매할 수 있는 독특한 상품을 만들어내는 것입니다. 만약 여러분이 그림을 잘 그린다면, 그림 실력으로 승부를 걸어볼 수도 있겠지요. 여러분은 전 세계 사람들이 좋아할 만한 '우스꽝스러운 모자를 쓴 개' 그림을 그려서 상품화해 팔기로 결정합니다.

이제 여러분은 그 그림을 가지고 제품을 만들어야 해요. 그래서 인터넷 검색을 통해 저렴한 가격으로 티셔츠에 그림을 새겨줄 회사를 찾았습니다. 덜컥 계약하지 말고 다양한 색상과 크기별로 제품을 제작할 수 있는지도 확인해 보아야 해요.

웹사이트 만들기

다음에 할 일은 인터넷 상에 웹사이트를 만드는 것입니다. 사람들이 쉽게 기억할 수 있는 사이트 주소를 정하는 것도 중요해요. 만약 www.funnydog.com이라는 주소가 마음에 든다면, 서둘러 이 주소를 등록합니다. 머뭇거리는 사이 다른 사람이 주소를 먼저 등록해 버릴 수도 있거든요. 그 뒤에는 웹사이트를 꾸미고 사람들이 원하는 제품을 쉽게 찾을 수 있도록 만들어야 합니다. 돈을 지불할 수 있는 온라인 지불 시스템을 갖추어 놓는다면 더 좋겠지요.

판매하기

웹사이트가 문을 열면 이제 전 세계 사람들이 여러분의 그림을 새긴 티셔츠를 살펴볼 수 있습니다. 온라인에서 광고를 하면 더 많은 사람들이 사이트에 방문하겠지요. 그러나 실제로 판매를 하기 전에, 각 나라의 세금 정책에 대해서도 알아야 해요. 일단 국내의 고객을 상대로 판매를 시작하고, 회사가 성장하면 점차 해외로 판매를 확대해 나가는 것도 좋은 방법입니다.

6. 세계화와 선진국

막강한 부를 축적한 선진국에게 세계화는 이익이 되기도 하지만 한 편으로는 골치 아픈 문제를 안겨주기도 합니다. 앞에서도 살펴보았듯, 세계 각국은 가장 효율적인 방법을 찾아 다른 나라에 재화나 서비스를 제공할 수 있게 되었어요. 세계화는 일반 소비자와 기업에도 적지 않은 영향을 끼친답니다.

🍵 선진국이란 무엇일까?

선진국을 한마디로 정의하는 말은 아직 없습니다. 경제학자들은 선진국을 일컬어 '경제적으로 더 발전한 국가(MEDCs: More Economically Developed Countries)'라고 부릅니다. 이들 국가는 국민 1인당 벌어들이는 수입이 높을 뿐만 아니라, **국내 총생산**(GDP: Gross Domestic Product) 역시 높습니다. 국내 총생산이란 한 나라 안에서 한 해 동안 생산된 재화와 서비스의 총 가치를 측정한 수치입니다.

국민소득이 높은 나라

1. 룩셈부르크	2. 카타르
3. 싱가포르	4. 노르웨이
5. 쿠웨이트	6. 브루나이
7. 미국	8. 스위스
9. 네덜란드	10. 아일랜드
11. 오스트리아	12. 덴마크
13. 호주	14. 스웨덴
15. 캐나다	16. 아랍에미리트연합
17. 독일	18. 벨기에
19. 핀란드	20. 영국

국가 발전의 수준을 비교하는 가장 좋은 방법은 인구 한 명당 벌어들이는 수입을 살펴보는 것입니다. 오른쪽의 표는 2010년 세계은행(World Bank)이 발표한 결과로, 국민소득이 높은 20개국을 보여줍니다.

　　미국, 캐나다, 호주, 영국 등은 다른 나라보다 기술이 발달하고 **사회기반시설**이 잘 갖추어져 있습니다. 노동자들의 교육 수준 역시 꽤 높은 편이지요. 교육 수준은 높지만 경제적으로 발전하지 못해 아직 선진국 대열에 진입하지 못한 인도와 같은 나라도 있어요.

　　풍부한 자원과 자본을 가지고 있다고 해서 반드시 선진국이 되는 것은 아니에요. 국가의 부가 사회 발전에 쓰이지 않고 엉뚱한 곳으로 흘러가는 경우가 있기 때문이지요. 일부 중동 국가들은 유전 덕분에 엄청난 부를 축적했지만, 극히 적은 수의 지도층이 부를 독점하고 말았어요. 그래서 여전히 학교나 도로 등 사회기반시설이 부족할 뿐만 아니라 전 국민이 가난에 시달리고 있지요.

🥥 소비자에게 미치는 긍정적인 영향

▶▶▶ 다양한 선택의 폭

세계화의 장점을 가장 실감할 수 있는 경우는 상점에서 물건을 살 때입니다. 슈퍼마켓이나 대형 마트에 가보면 무궁무진한 종류의 상품이 진열되어 있는데, 이는 모두 국제 무역이 이루어낸 결과물입니다. 개발도상국에서 생산된 수많은 상품 역시 쉽게 구매할 수 있게 되었지요. 열대 지방에서 기른 바나나도 일 년 열두 달 맛볼 수 있고 브라질과 콜롬비아, 케냐에서 재배된 커피도 마찬가지입니다. 세계화로 인한 국제 무역이 없었다면 불가능한 일이었을 거예요. 특히 우리나라나 일본처럼 땅덩이가 작지만 인구가 많은 나라에서는 농산물 수입에 크게 의존하고 있답니다.

세계화로 인해 소비자들은 원하는 물건을 선택할 수 있는 폭이 한층 넓어졌습니다.

실제로 온라인에서 쇼핑을 해보면 세계화의 장점을 실감할 수 있어요. 구글 등 검색 엔진에 원하는 상품의 이름을 넣으면 수십, 수백 가지의 검색 결과가 나오지요. 국내 사이트도 있고, 해외 사이트도 다양합니다.

인터넷이 등장하기 전의 생활을 상상해 보세요. 항상 가까운 지역 상점에서 물건을 사야 했고, 주인이 정해 놓은 가격을 지불하는 것 외에는 선택의 여지가 없었지요. 하지만 이제는 인터넷을 통해 전 세계 어느 곳에서든 원하는 물건을 최상의 가격으로 살 수 있답니다.

▶▶▶ 가격

세계화는 상품의 가격을 낮추는 역할도 하고 있습니다. 세계화된 시장에서는 수많은 기업이 무한경쟁을 하지요. 소비자들은 비슷한 품질이라면 값이 싼 제품을 원하기 때문에 기업들은 경쟁력을 높이기 위해 가격을 낮추어야 하는 것입니다.

또한 세계화는 기업이 만드는 상품의 생산 원가 역시 낮추어 줍니다. 우리나라의 양말 회사를 떠올려 보세요. 과거에는 한 달에 150만 원을 지불해야 하는 국내 노동자를 고용했어요. 노동조합의 압력 때문에 복지 혜택까지 줘야 했고 노동자를 해고하기도 어려웠지요. 수많은 규제 역시 생산 원가를 높이는 데 한몫 했어요. 이러한 모든 비용이 양말의 생산 원가에 포함되어 결국 양말의 가격을 높인 것이지요.

그러나 세계화로 인해 이 회사는 공장을 해외로 옮겨 생산 원가를 낮출 수 있게 되었습니다. 개발도상국의 노동자들을 고용하면 절반도 되지 않는 임금을 지불하고도 똑같은 품질의 양말을 생산할 수 있기 때문이에요. 또한 개발도상국의 경우 기업에 대한 규제도 거의 없습니다. 그리하여 기업은 양말을 생산하는 비용을 대폭 줄여 저렴한 가격에 상품을 내놓을 수 있습니다.

🫘 소비자에게 미치는 부정적인 영향

세계화는 소비자들에게 분명히 이득을 주지만, 때로는 문제를 일으키는 원인이 되기도 합니다. 안전하지 않은 제품의 유통, 질병 확산의 우려 등을 예로 들 수 있어요.

▶▶▶ 안전과 품질의 문제

규제는 기업이 안전하고 공정한 방법으로 경영하도록 하는 역할을 합니다. 선진국의 경우 생산되는 제품에 대한 규제가 엄격하고 감시도 철저하지요. 기업이 법령과 규제를 지키지 않을 경우 벌금을 내거나 처벌을 받아요. 이러한 정부의 규제와 감시가 있기 때문에 소비자들은 안심하고 물건을 구매할 수 있답니다.

그러나 대기업들은 개발도상국으로 공장을 이전해 원가를 최대한 낮추려 합니다. 개발도상국은 규제가 느슨하기 때문에 소비자의 안전을 고려하지 않고도 제품을 생산할 수 있어요. 이러한 제품의 수입을 막지 못한다면 선진국의 소비자들 역시 피해를 보게 되는 것이지요.

▶▶▶ 질병의 확산

국가 간 재화의 이동은 뜻밖의 결과를 불러오기도 해요. 생산된 상품이 질병이나 해충 따위의 유해한 물질을 옮기는 경로가 될 수 있기 때문이에요. 이러한 상품이 수출되면 유해한 물질까지 함께 퍼지게 됩니다.

한 예로 1980년대 영국에서 시작되어 전 세계로 퍼진 광우병을 들 수 있어요. 흔히 '광우병'이라 불리는 소 해면상 뇌질환(BSE, Bovine Spongiform Encephalopathy)은 영국산 소와 쇠고기를 수입하는 다른 나라에까지 걷잡을 수 없이 번져 나갔지요. 광우병으로 인해 15년 동안 영국에서만 160명이 넘는 사람들이 사망했어요. 결국 영국은 엄청난 양의 쇠고기를 폐기 처분했고, 다른 나라에 이미 수출된 쇠고기도 모두 폐기할 것을 당부했습니다.

영국에서 시작된 광우병 사태 이후로 전 세계 사람들은 세계화의 어두운 일면을 깨닫게 되었습니다.

🥏 기업에 미치는 긍정적인 영향

▶▶▶ 더 많은 고객 확보

선진국 기업은 세계화로 인해 더 큰 성장과 수익의 기회를 얻었습니다. 특히 기업은 재화와 서비스를 공급할 수 있는 더 많은 시장을 확보했습니다. 새로운 시장을 개척해 적극적으로 고객을 늘린 결과 더 큰 수익을 얻었지요. 국내 시장을 넘어 해외로 사업을 확장해야 더욱 성장할 수 있다는 사실을 깨달은 것입니다. 앞에서도 살펴보았듯 기업의 주된 목적은 '성장'이기 때문입니다.

▶▶▶ 비용 절감

선진국에서 기업을 경영하려면 비용이 많이 필요해요. 땅값은 비싸고 세금도 무거울뿐더러 임금 수준도 높기 때문에 원가를 내리는 데 한계가 있지요. 그렇기 때문에 비용이 적게 드는 나라로 회사의 일부를 옮기면 이윤을 극대화하고 비용을 절감해 상품의 가격을 낮출 수 있습니다. 이제 거대한 다국적 기업의 경우 원래 어느 나라의 기업인지도 불분명해졌어요. 세금이 낮은 나라로 본사를 아예 옮겨 버리는 기업도 늘어나는 추세입니다.

▶▶▶ 다양한 인재 활용

다국적 기업들은 더 이상 가까운 지역에 사는 직원만을 고용할 필요가 없습니다. 이제는 전 세계에서 유능한 사람들을 데려다 쓸 수 있어요. 경영 전문가인 컨설턴트, 사무실 경비를 들이지 않고 집에서 일할 수 있는 **재택근무** 직원과 낮은 보수로 일을 맡아줄 **프리랜서**까지도 쉽게 고용할 수 있는 세상이 되었습니다.

기업은 해외 사업을 현지의 전문 회사에 맡기기도 해요. 이를 일컬어 **아웃소싱**(outsourcing)이라고 합니다. 기업의 핵심 부문은 직접 운영하되 나머지 영역은 전문 외부 업체에 맡기는 방법으로, 1980년대 미국의 제조업체들이 주로 활용하던 방식이 전 세계 기업으로 확산된 것이지요.

맥도날드의 아웃소싱

세계화의 흐름에 발맞추어 몇몇 패스트푸드 기업은 독특한 방법을 생각해 냈습니다. 바쁜 고객이 자동차에 탄 채로 햄버거를 주문하는 '드라이브 스루(drive-through)' 매장 자체를 외부 업체가 운영하도록 한 것이지요. 고객의 주문 내용은 매장이 아닌 다른 지역 또는 해외에 있는 아웃소싱 업체로 전달됩니다. 이 업체는 자동차 안에 있는 고객의 주문을 받아 미국 햄버거 매장의 직원에게 이 내용을 전달하지요. 결국 매장 직원은 햄버거를 만들고 계산하는 데 전념할 수 있고, 고객들은 주문한 햄버거를 더 빨리 받을 수 있게 되었어요.

🫘 기업에 미치는 부정적인 영향

세계화가 이루어지면서 선진국의 기업은 '경쟁'이라는 위협을 받게 되었습니다. 전 세계 수많은 기업과의 경쟁에서 살아남기 위해서는 생산원가를 비롯한 모든 비용을 더욱 줄여야만 합니다.

만약 A 회사가 **해외 이전**을 통해 비용을 절감해 가격을 내리고 B 회사의 고객들을 빼앗아 왔다고 생각해 보세요. B 회사는 다시 고객들의 마음을 돌리려면 비용을 어떻게든 줄여야 하겠지요. 이때 A 회사가 인터넷을 이용해 세계 곳곳에서 우수한 인재를 끌어 모은다면 B 회사가 A 회사를 따라잡기는 더욱 어려워질 것입니다.

결국 세계화된 세상에서는 한 치의 실수도 용납되지 않습니다. 기업은 반드시 효율적인 경영 방법을 찾아내고 최저의 가격으로 최고의 상품을 생산해야 무한경쟁 속에서 살아남을 수 있습니다.

🫘 노동자에게 미치는 긍정적인 영향

선진국 노동자들은 세계화로부터 이익을 얻을까요, 아니면 어려움을 겪을까요? 이는 사람들이 종사하는 산업 그리고 변화에 적응하는 능력에 달려 있습니다.

하나로 연결된 세상에서는 누구에게나 지구촌 어느 곳에서든 일할 수 있는 기회가 주어집니다. 인터넷이나 전화로 일하는 산업에 종사하는 사람은 전 세계 어느 기업에도 취직할 수 있다는 뜻이지요. 또한 스마트폰이 널리 사용되면서 여행 중에도 이메일을 확인하고 자유자재로 파일을 전송하며 화상회의까지 할 수 있게 되었어요.

● 노동자에게 미치는 부정적인 영향

세계화는 노동자들을 위협하기도 합니다. 인건비가 싼 해외로 기업이 이전하면서 일자리를 잃는 경우를 예로 들 수 있어요.

▶▶▶ 공장 노동자

세계화 때문에 가장 큰 타격을 입는 것은 공장 노동자들입니다. 땅값과 노동력이 싼 해외로 생산 시설을 이전하게 되면 이들은 하루아침에 일자리를 잃지요. 이러한 추세가 계속될수록 노동자들이 돌아갈 곳은 없어집니다. 실제로 선진국에서는 더 이상 공장을 운영하지 않는 기업이 늘어나고 있어요. 그 결과 공장에서 일하던 노동자들은 새로운 기술을 배워 다른 직업을 찾아야만 합니다.

🖾 재택근무란?

최근에는 노동자들이 집에서 일하는 재택근무가 각광받고 있어요. 미국에서는 전체 노동자의 20퍼센트 이상이 집에서 어느 정도의 일을 한다고 합니다. 재택근무 노동자가 늘어나면 기업의 입장에서는 사무실 운영비 등 비용을 절감할 수 있지요.

재택근무를 적극적으로 활용하는 기업으로 제트블루(JetBlue) 항공사를 들 수 있습니다. 이 항공사에 예약을 하기 위해 전화를 걸면, 재택근무 중인 직원이 전화를 받지요. 해외 업체에 아웃소싱을 하는 대신, 이 회사는 집에서 일하는 엄마들을 예약 사원으로 고용해 좋은 평가를 받고 있습니다. 직원들은 유연한 업무 환경에 만족하고, 회사의 입장에서도 효율적으로 운영할 수 있게 되어 서로에게 좋은 대안이지요.

▶▶▶ 파업

해외 이전으로 일자리가 없어
진 노동자들은 파업을 하기도 해
요. 한 예로 영국에서는 의류 제
조업체인 버버리(Burberry)가 공장
문을 닫겠다고 발표하자 노동자
들이 파업을 선언했어요. 벨기에
에서는 오펠(Opel) 자동차를 생산
하던 공장이 가동을 중단하기로
결정했을 때 수천 명의 노동자들
이 모여 파업을 벌였습니다.

프랑스에서 일어나는 파업은
더욱 격렬합니다. 2009년 자동차
부품 생산업체인 프랑스의 뉴패
브리스(New Fabris)는 부채를 갚을

2007년 영국 런던의 버버리 매장 앞에서 열린
시위 장면입니다. 버버리가 영국 공장의 가동
을 중단해 일자리가 없어지자 노동자들이 시위
를 일으킨 것입니다.

수 없어 **파산**을 선언하고 수백 명의 직원을 해고했어요. 보상 계획에 만
족하지 못한 몇몇 노동자들은 공장을 폭파하겠다고 위협을 했지요.

결국 이들은 새로운 보상 계획에 타협했지만, 다른 회사의 공장이 문
을 닫을 때도 이를 모방한 협박이 잇따랐습니다. 해고당한 일부 노동자
들은 회사의 경영진을 감금해 인질로 삼고 더 나은 보상 계획을 요구하
기도 했어요.

🌑 세계화가 자동차 산업에 미친 영향

기업의 해외 이전으로 가장 큰 타격을 입은 것은 자동차 산업입니다. 한때 미국 자동차 산업의 심장이었던 미시간 주의 디트로이트는 공장이 멕시코 등 해외로 이전되자 인구가 줄면서 폐허가 되기 시작했어요. 실업률도 급증해서 2009년에는 17퍼센트를 넘어섰고, 실업률을 떨어뜨리는 유일한 방법은 사람들을 다른 도시로 이주시키는 것뿐이었지요. '자동차의 도시'로 유명하던 디트로이트에는 인구를 감당하기에 더이상 충분한 일자리가 없었고, 화려했던 옛날 모습과 달리 쓸쓸한 잿빛

💵 도요타 자동차 공장은 어디에 있을까?

세계화의 물결 속에서 자동차 회사들은 개발도상국으로 공장을 옮기고 있지만, 일본의 도요타(Toyota) 자동차는 반대로 선진국인 미국과 영국에 공장을 설립했습니다. 도요타는 영국에서 매년 27만 대 이상의 차를 생산합니다. 또한 미국의 캘리포니아 주에서 켄터키 주에 이르기까지 거의 모든 지역에 공장을 세웠지요.

선진국은 도요타 같은 기업이 자국에 공장을 설립할 경우 세금을 감면해주는 등 우대 정책을 마련하고 있습니다. 공장이 지어지면 고임금 노동자들의 소비 활동이 활발해져 지역 경제를 살릴 수 있기 때문이에요.

이는 도요타에도 이득이 됩니다. 현지에 공장을 세우면 일본에서 수출하는 상품에 매겨지는 관세를 줄일 수 있습니다. 또한 영국 같은 나라는 수입차의 수를 제한하는 정책을 시행하고 있는데, 자동차의 일부를 영국에서 생산하는 방법으로 수입 규제를 피할 수도 있지요. 결국 도요타는 세계화 추세를 반대로 이용해 더욱 많은 자동차를 판매하는 방법을 찾아낸 것이지요.

미국 미시간 주의 디트로이트에는 이와 같이 텅 비어 버린 자동차 공장이 많습니다.

도시로 남겨졌습니다.

미국의 자동차 회사인 제너럴 모터스(General Motors) 역시 극심해진 경쟁에 **불경기**(경제 활동이 침체되는 시기)까지 겹쳐 2009년에는 미시간, 인디애나, 오하이오, 델라웨어 주에 있는 20군데 공장의 문을 닫을 계획을 세웠습니다. 이 불경기의 여파로 유럽에 있는 제너럴 모터스 소유의 자동차 회사들까지 큰 타격을 입었습니다. 영국의 복스홀(Vauxhall)과 독일의 오펠 같은 자동차 회사 역시 인원을 감축해야 했습니다.

🐭 해외 이전의 어두운 면

독일의 자동차 회사 다임러(Daimler)는 미국으로 공장의 일부를 이전하겠다고 밝혔습니다. 이 사실을 알게 된 독일의 노동자들은 분개해 파업을 일으켰지요. 결국 다임러는 공장을 옮기는 것을 포기했지만, 그 대신 조기 퇴직자와 비정규직을 늘리고 정규직 노동자를 서서히 줄이겠다고 결정했습니다.

공장이 문을 닫지 않더라도, 회사의 해외 이전은 노동자들에게 좋지 않은 영향을 끼칠 수 있습니다. 회사의 경영진은 노동조합에 보상 계획을 제시하지만 선택의 여지는 크지 않아요. 임금, 휴가, 연금과 같은 복지 혜택을 포기하지 않으면 공장은 해외로 옮겨 가 버릴 테니까요. 이렇게 되면 노동자들은 일자리를 지키기 위해 좋든 싫든 임금을 줄이는 데 합의하는 것밖에 방법이 없겠지요.

대체 나랑 무슨 상관이지?

세계화 시대에 살아남으려면 어떻게 해야 할까?

세계화는 여러분의 미래에 어떤 변화를 가져올까요? 세계화가 진행되면서 특정 산업이 아예 없어져 버리는 국가가 생겨나고 있습니다. 반면 어떤 산업은 절대 없어지지 않지요. 여러분이 어떤 직업을 선택하느냐에 따라 미래는 달라질 것입니다.

누구나 배워서 할 수 있는 육체노동이나 높은 교육 수준을 필요로 하지 않는 일자리는 다른 나라 노동자들에게 빼앗기기 쉽습니다. 오늘날에는 숙련된 기술이 필요한 직업조차 아웃소싱으로 전환되고 있으니까요. 요즘은 정보기술(IT) 관련 일자리 역시 인도의 고학력 노동자들에게 넘어가는 추세입니다.

반면 요리사나 소방관처럼 노동자가 특정한 장소에 있어야만 하는 직업은 아웃소싱이 이루어질 가능성이 거의 없어요. 아무나 배울 수 없는 기술을 가지고 있는 것도 좋겠지요. 미래에는 수준 높은 교육을 받고 전문화된 인력이 더욱 중요해질 것입니다. 일자리를 지키기 위해서는 계속 새로운 기술을 배우는 것도 필요하지만, 변화하는 세상에 맞춰 끊임없이 변화하고 능력을 배양하는 태도가 무엇보다 중요하답니다.

7. 세계화와 개발도상국

개발도상국은 선진국과 달리 인구 1명당 GDP가 매우 낮고 도로나 항만 등 사회기반시설이 부족한 나라를 이르는 말입니다. 개발도상국에게 세계화는 양날의 칼과 같아요. 사회 문제도 생기지만 한편으로는 기회가 될 수도 있기 때문이에요.

🫘 개발도상국에 미치는 긍정적인 영향

개발도상국은 대부분 자원이 풍부해 다른 나라에 수출할 상품을 많이 만들 수 있습니다. 그리고 다국적 기업이 진출하면 이 나라의 국민들은 좋은 일자리를 얻을 수 있게 되지요.

▶▶▶ 다국적 기업의 진출

개발도상국은 선진국의 기업을 자국에 끌어들이기 위해 세금 우대를 해주는 등 다양한 정책을 쓰고 있습니다. 규제가 느슨하고 임금이

싸기 때문에 기업 역시 개발도상국에 진출하고 싶어 하지요. 근무 조건은 대개 열악해서 노동자들은 오랜 시간을 일하고도 터무니없이 적은 임금을 받습니다. 이런 노동 조건은 선진국에서는 거의 불가능한 일이에요. 그렇기 때문에 오히려 선진국 기업들은 너도나도 개발도상국의 노동자를 쓰려고 합니다.

중앙아메리카에 있는 온두라스의 의류 공장을 살펴봅시다. 2005년 이곳에서 일하는 노동자들은 하루 10시간씩 일하고도 우리 돈으로 1만 3천 원 정도밖에 벌지 못했어요. 국제 노동단체들은 이곳의 노동자들이 착취를 당하고 있다고 항의했지요. 그러나 당시 온두라스 노동자의 44퍼센트 이상이 하루에 2천 원가량의 돈으로 겨우겨우 살아가고 있는 실정이었어요. 오히려 의류 공장에서 일하는 사람들이 온두라스 노동자들이 버는 돈의 6배 이상을 벌었다는 이야기지요. 따라서 다국적 기업이 온두라스에 진출해 일자리를 제공한 것이 과연 착취인지는 아직도 논란이 되고 있어요.

▶▶▶ 수입의 증대

개발도상국에게 세계화는 빈곤에서 벗어나는 절호의 기회가 되기도 해요. 1970년에는 고작 1달러, 즉 1천 원 정도로 하루를 연명하는 사람들이 전 세계 인구의 17.4퍼센트에 육박했어요. 하지만 오늘날 이 숫자는 5.5퍼센트로 크게 감소했답니다.

특히 중국과 인도의 빈곤층이 세계화의 혜택을 많이 누린 편이에요. 중국 시골의 빈곤층 수는 20년 새 2500만 명에서 340만 명으로 줄

📀 인도의 세계화

인도에는 '콜센터'가 많습니다. 이곳에서 일하는 노동자들은 선진국 기업 밑에서 일하며 전화를 받거나 거는 일을 해요. 예를 들어 미국의 소비자가 상품에 불만이 있어 회사에 전화를 건다면, 이 전화는 미국에 있는 본사가 아닌 인도의 콜센터로 연결돼요. 소비자들은 본사 직원과 통화하는 것으로 착각할 수 있지만 실제로는 인도의 상담원과 통화하고 있는 것이지요.

인도의 노동자들은 교육 수준이 매우 높지만 선진국 노동자에 비해 적은 임금을 받습니다. 이렇다 보니 고학력 노동자를 원하는 선진국의 다국적 기업들은 인도의 노동자를 아웃소싱에 적극적으로 활용하고 있어요. 이제 이들은 아웃소싱 외에도 자동차 부품 제조에서 의료 보조에 이르기까지 다양한 일을 해요. 인도 노동자들을 원하는 고임금 직종이 늘어나면서 인도의 전반적인 임금 수준 역시 높아지고 있답니다.

인도의 콜센터에서는 고학력 노동자들이 전 세계 소비자들에게 서비스를 제공합니다.

어들었습니다. 인도의 빈곤층 역시 25년 만에 3분의 1 수준으로 감소했어요.

▶▶▶ 기술의 습득

개발도상국의 공장 노동자들 역시 다국적 기업에서 일함으로써 이득을 얻고 있습니다. 안정된 수입을 얻을 뿐만 아니라 귀중한 경험을 쌓을 수 있기 때문이지요. 제품의 생산 과정을 배우고 중요한 기술을 습득하기도 해요. 일부 기업은 현지 노동자를 관리자로 고용하는데, 이들은 경영 전반에 대한 지식까지 얻게 됩니다. 이러한 기술은 개발도상국을 도약시키는 원동력이 되기도 하지요.

● 개발도상국에 미치는 부정적인 영향

그렇다면 개발도상국에 생겨나는 새로운 일자리는 과연 좋기만 할까요? 아니에요. 다국적 기업은 좋은 영향보다 나쁜 영향을 더 많이 끼칠 수도 있답니다.

▶▶▶ 어린이 노동 문제

개발도상국은 대부분 규제가 느슨해 기업이 노동자를 착취하는지 제대로 감시하지 못해요. 선진국 기업이 세운 공장은 터무니없는 임금만을 주고 어린이들을 일터로 내몰지요. 2006년 인권 단체는 요르단의 갭(미국의 유명 청바지 회사) 공장에서 어린이들이 강제로 옷을 만들고 있다고 밝혔습니다. 이곳에서는 열 살이 겨우 넘은 어린이들이 아무런 보수도 받지 못한 채 하루 16시간씩 일했다고 해요. 작업을 거부하는 어린이들은 고무호스로 두들겨 맞았고요. 미국의 최대 유통업체인 월마트와 장난감 생산업체인 마텔 역시 공장에서 어린이들이 일한다는 사실이 드러나면서 거세게 비난을 받았지요.

다국적 기업은 현지 공장에서 일어나는 일을 본사에서 제대로 파악하지 못해 생긴 일이라고 해명했어요. 본사에서 1년에 한두 차례 감독관을 보내지만 현지 관리자가 미리 알고 어린이 노동 착취 사실을 은폐한다는 것이에요. 그러나 비난의 화살을 피할 수는 없겠지요.

▶▶▶ 위기에 처한 커피 농장

개발도상국의 커피 농장 역시 위기에 처했습니다. 경쟁력을 충분히 갖추지 못한 상태에서 전 세계 커피와 경쟁해 살아남아야 하는 상황이 벌어진 거예요.

전 세계에 커피 농장이 워낙 많기 때문에 소비자의 눈을 끌기 위해서는 무조건 싸게 팔아야 합니다. 과거에는 수출되는 커피의 양이 국제 협약으로 제한되어 있었기 때문에 가격을 일정하게 유지하거나 합리적으로 올릴 수 있었지요. 그러나 미국이 국제 협약에 압력을 가하면서 이러한 담합은 깨지고 말았습니다. 커피의 가격은 곤두박질쳤지요.

결국 2001년 커피의 가격은 500그램당 겨우 2~5파운드(우리 돈으로 3,500~1만 원)에 팔리게 되었어요. 이 가운데 농장주는 20페니(약 350원) 정도밖에 가져갈 수 없었고, 커피를 수확하는 노동자들은 10페니(약 175원) 미만의 돈을 받았지요. 나머지는 커피가 상점에 도착하기 전까지 거치는 수많은 '중간 상인'에게 돌아갔습니다. 정작 열심히 일한 사람들이 가장 적은 돈을 버는 악순환은 지금까지도 계속되고 있어요.

🌑 승자와 패자

형편이 비슷한 개발도상국이라도 각각의 나라가 바라보는 세계화의 모습은 모두 다릅니다. 새로운 무역의 발달로 국민소득이 큰 폭으로 높아진 나라도 분명히 있지요. 수준 높은 교육과 사회기반시설의 확충, 안정된 정치 등 사회적 배경이 뒷받침을 해주었기에 세계화의 혜택을 받을 수 있었던 거예요. 반면 세계화의 장점은 거의 누리지 못한 채 다국적 기업으로부터 자원을 착취당하는 국가도 있어요.

각각의 나라 안에서도 승자와 패자가 분명히 나뉩니다. 예를 들자면 인도가 그렇지요. 고학력 노동자들은 높은 임금을 받으며 다국적 기업의 콜센터에서 일하는 반면, 그렇지 않은 사람들은 여전히 비참하게 살아가고 있어요. 도시에는 빈민들이 넘쳐나고, 가난한 사람들은 나날이

칠레의 치킨 공장

　다국적 기업의 일자리가 과연 노동자들에게 새로운 기회를 주는지, 착취할 뿐인지는 한 마디로 경계를 짓기 어렵습니다. 예를 하나 들어 볼까요? 칠레의 한 택시 기사는 돈벌이에 만족하지 못해 새로운 일자리를 찾아 운전을 그만두었습니다. 그리고 치킨 공장에 취업해 한 달에 약 22만 원의 보수를 받으며 라틴아메리카, 유럽, 아시아에 수출하는 치킨 가공 작업을 시작했어요.

　한 신문은 이 공장의 실태를 고발하며 이렇게 보도했어요. "그는 냉동실 안에 서서 1분에 41마리씩 줄지어 내려오는 닭의 배를 가른다." 냉동실의 추위 때문에 손이 얼어 감각이 없어지고, 팔을 움직일 수 없게 된 사람도 있을 만큼 근무 환경은 열악합니다. 그러나 택시를 운전하는 일보다 임금이 높기 때문에 쉽게 그만둘 수가 없어요. 공장에서 일할 사람은 얼마든지 있으니까요.

개발도상국의 공장은 대부분 근무 환경이 열악해 노동자들이 위험에 노출되기 쉬워요.

굶주리지요. 아직도 3억 명이 넘는 인도 사람들이 하루 천 원 미만의 돈으로 살아가고 있어요. 이렇게 되면 세계화의 '승자'로 일컫는 인도조차도 완전히 승리했다고 보기는 힘들겠지요.

🫘 바닥을 향한 경쟁

개발도상국이 세계화 덕분에 잠깐 이득을 보았다 하더라도, 다국적 기업에만 의지할 경우 결국 손해를 볼 수밖에 없습니다. 다국적 기업은 개발도상국의 발전을 돕기 위한 구호단체가 아니고, 오로지 이윤을 추구하는 조직이기 때문이지요. 그러므로 더 싼 곳이 있다면 바로 옮겨갈 것입니다. 다국적 기업들은 조금이라도 싸게 상품을 생산할 수 있는 곳

아래 그래프를 보면 턱없이 적은 돈으로 하루를 살아가는 사람들이 많다는 사실을 알 수 있어요. 이 숫자는 점점 줄어드는 추세지만, 세계화의 혜택을 보고 있는 중국에서는 최근 빈곤층이 오히려 증가하고 있답니다.

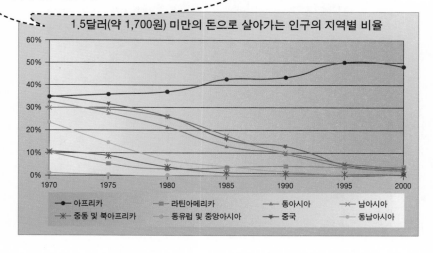

1.5달러(약 1,700원) 미만의 돈으로 살아가는 인구의 지역별 비율

- ● 아프리카
- ■ 라틴아메리카
- ▲ 동아시아
- ✕ 남아시아
- ✳ 중동 및 북아프리카
- ● 동유럽 및 중앙아시아
- ▼ 중국
- ● 동남아시아

을 찾아 헤매는 '바닥을 향한 경쟁'을 벌이고 있어요.

실제로 미국에서 시작된 수천 종의 제조업은 노동력이 싼 멕시코로 이동했습니다. 멕시코의 노동자들은 시간당 1.3파운드(약 2,200원)를 받고 일했어요. 하지만 이제 그 일자리는 임금이 시간당 40페니(약 700원)인 중국으로 넘어갔습니다. 처음에 세계화의 혜택을 받던 멕시코 노동자들은 하루 아침에 일자리를 잃은 것이지요.

에티오피아 등 사하라 사막 남쪽 아프리카 국가에 사는 사람들은 세계화의 혜택을 거의 누리지 못한 채 빈곤에 시달리고 있어요.

🫘 세계화의 그늘

세계화 덕택에 살림이 윤택해진 나라도 있지만 예외도 있어요. 바로 사하라 사막 남부의 아프리카 국가입니다. 세계 각국이 빈곤에서 벗어나는 동안에도 점점 더 궁핍해져만 가는 지역이지요.

아프리카 지역 대부분은 낮은 교육 수준과 정치적 불안정, 부패 그리고 에이즈 따위의 보건 문제에 시달리고 있어요. 이 때문에 선진국의 다국적 기업들은 아프리카 국가에 투자하지 않으려 합니다. 다국적 기업은 아프리카에서 원유나 광물, 금속 등의 자원을 가져가지만 그에 합당한 대가를 치르지 않아요.

아프리카의 나이지리아는 석유가 풍부한 나라입니다. 다국적 석유 기업은 나이지리아의 석유를 개발해 해외에 내다 팔지요. 나이지리아 정부는 다국적 기업에 석유를 팔아 세입의 80퍼센트를 벌어요. 그러나 나이지리아 정부의 부패와 범죄로 인해 국민들은 혜택을 전혀 보지 못하고 여전히 가난하게 살아갑니다. 나이지리아의 기대수명과 평균 소득은 1970년 이래 계속 떨어지고 있습니다.

● 세계화를 반대하는 목소리

세계화가 개발도상국에 끼친 영향 때문에 분노하는 사람들도 있어요. 시민 단체들은 거대 기업의 경영진이 부당한 이득을 취하고 있다고 주장해요. 기업의 진출을 방해하는 각종 규제를 없애기 위해 정부 기관에 뇌물을 주는 등 압력을 행사하고 있다는 것이지요.

세계무역기구(WTO)와 같은 국제기구까지도 선진국의 이익만을 대변한다면, 힘없는 사람들이 거대한 다국적 기업에 맞서 상대하기란 쉽지 않은 일이에요. 최근에는 모든 사람이 세계화의 혜택을 누릴 수 있는 새로운 제도가 필요하다는 주장이 힘을 얻고 있습니다.

8. 다시 생각해 보는 세계화

오늘날 세계화는 논란의 대상이 되고 있어요. 물론 세계화가 완벽한 모습을 갖추기 위해서는 더 많은 노력이 필요합니다. 그러기 위해서는 국제 무역이 문화와 환경 그리고 사람들에게 어떤 영향을 미치는지 생각해 보아야 해요.

🫘 문화에 미치는 영향

세계화는 경제뿐만 아니라 문화를 포함한 전 세계 모든 영역을 바꾸어 놓았습니다. 다국적 기업이 세계 각국에 똑같은 상품을 팔고 누구든 인터넷으로 원하는 물건을 자유롭게 구입할 수 있게 되면서, 이제는 국가와 문화의 경계도 희미해지기 시작했어요.

▶▶▶ 맥도날드화

다국적 기업이 사업을 확장해 나가면서 이제 지구촌 사람들은 똑같은 상품을 쓰고 있습니다. 마이크로소프트 소프트웨어, 리바이스 청바지, 애플 아이팟, 맥도날드의 빅맥을 세계 어디서든 살 수 있게 된 것이지요. 대부분 미국에 본사를 둔 이 대기업들은 고유한 문화를 가진 세계 각국의 문화를 통합해 나가고 있습니다. 그러나 각 나라의 문화를 특색 없이 변질시키고 있다는 비판을 받기도 해요. 이 현상을 일컬어 '맥도날드화'라고 부릅니다. 맥도날드의 빅맥 햄버거가 세계 각국의 음식 문화를 획일적으로 만드는 것에 빗댄 용어이지요.

하지만 선진국에서 만든 제품이 과연 지역의 고유한 문화를 180도 바꾸고 있는지는 생각해볼 문제입니다. 현지화에 성공한 기업은 그 지역의 고유한 문화를 살려 자사 제품과 서비스에 접목한 경우가 대부분입니다. 맥도날드의 햄버거 역시 모든 나라에서 똑같은 것은 아니에요. 한 예로 힌두교의 율법상 쇠고기를 먹는 것이 금지되어 있는 인도의 맥도날드에서는 양고기로 만든 햄버거를 팝니다. 또한 이집트의 카이로에서는 아랍 고유의 음식인 팔라펠(콩을 찧은 뒤 둥글넓적하게 빚어 기름에 튀긴 음식)을 접목한 '맥팔라펠'을 개발해 판매하고 있지요.

서구의 문화가 유입되어 개선된 점도 있습니다. 동아시아 사람들은 맥도날드의 가장 큰 장점으로 깨끗한 화장실을 꼽습니다. 맥도날드의 화장실이 지역 전반의 위생 수준을 높이는 역할을 했다는 것이지요.

▶▶▶ 미디어의 세계화
텔레비전과 인터넷이 보급되면서 정보가 확산된 것도 개발도상국에는 좋은 점입니다. 오늘날 몽골에서 온두라스에 이르기까지 모든 사람들이 미국에서 방영되는 프로그램과 영화를 즐길 수 있어요. 그러나 역효과도 분명 있습니다. 이제 사람들은 가족과 종교 같은 전통적인 가치보다 서구의 물질만능적인 가치를 추구하게 되었어요. 또한 화면에 비치는 서구의 화려한 생활이 하루하루를 힘겹게 연명해야 하는 개발도상국 국민들의 불만과 분노를 키운 것도 부정할 수 없는 사실입니다.

네팔의 벽지에 살고 있는 할머니까지도 이제 인터넷만 있으면 지구 반대편의 사람과 이야기할 수 있어요.

▶▶▶ 정보의 확산

누구나 정보에 쉽게 접근할 수 있게 된 것은 긍정적인 현상입니다. 한 지역에 고립되었던 사람들도 이제는 전 세계 사람들과 소통할 수 있답니다. 2009년 이란에서는 대통령 선거 결과에 항의하던 사람들이 트위터와 같은 소셜 네트워크 서비스(SNS)를 이용해 서로 의견을 주고받았어요. 인터넷 상에서 관찰하고 경험한 일을 공유하던 사람들은 끝내 힘을 합쳐 시위를 벌였답니다. 트위터를 통해 지켜보던 전 세계 사람들 역시 이란의 민주주의를 지지하며 응원을 보냈지요.

정보가 자유로이 퍼지면서 사람들은 독재 정권의 부패, 반곤, 인권 등 중요한 문제를 공유하게 되었습니다. 독재 국가의 문제를 세계의 인권 단체와 시민 단체가 발 벗고 나서서 함께 해결하려고 노력하고 있는 것도 정보가 퍼져 나간 덕분이지요.

● 환경에 미치는 영향

세계 각국이 긴밀한 관계를 맺기 시작하면서 또 하나의 부작용이 생겨났습니다. 바로 환경오염 문제입니다. 경제가 성장하면서 사람들이 자원을 마구 소비한 결과 환경에 위협을 끼치게 된 것이지요. 그러나 바꾸어 생각하면, 서로 연결된 세계 각국이 모두 힘을 합쳐 문제를 풀어 나갈 수 있는 가능성도 있답니다.

▶▶▶ 성장의 부작용

환경오염은 성장과 소비만을 추구하는 사회가 결코 피할 수 없는 결

🏦 세계적인 테러 확산

문화와 정보가 확산되는 현상 뒤에는 어두운 면도 있습니다. 최근에는 알카에다 같은 테러리스트들이 자국을 벗어나 전 세계를 무대로 활약하기 시작했습니다. 미국이 이슬람 사회에 해를 끼친다고 믿는 이슬람 과격파 단체끼리 네트워크를 만든 것이에요. 테러조직 알카에다는 미국과 영국이 경제뿐 아니라 군사적으로 세계를 지배하려고 서구 문화를 확산시키고 있다고 주장합니다.

알카에다는 목적 달성을 위해 첨단 기술을 적극적으로 활용하고 있습니다. 세계 어디서든 접속할 수 있는 웹사이트를 만들어 자신들의 이념을 전파하지요. 알카에다의 지도자 오사마 빈 라덴은 자신이 연설하는 장면을 녹화해 전 세계 텔레비전에 송출하기도 했답니다. 비행기 여행이 보편화되어 전 세계 어디든 쉽게 갈 수 있게 된 것도 테러리스트에게 도움이 되었습니다. 미국의 9·11 테러에도 비행기가 이용되었어요. 결국 미국은 테러에 대한 보복으로 빈 라덴을 찾아내 암살하고 말았지요.

과입니다. 자본주의 하의 경제 성장은 필연적으로 사람들이 더 많은 자원을 소비하고 환경을 오염시키도록 부추기지요. 무역이 활발해질수록 경제 성장의 속도 역시 빨라지기 때문에, 세계화가 환경오염의 주범이라 해도 과언이 아니에요.

선진국은 나날이 더 많은 양의 이산화탄소(CO_2)를 공기 중으로 배출하고 있습니다. 과학자들은 이산화탄소가 지구의 온도를 높인다고 주장해요. 실제로 미국인 한 사람이 배출하는 이산화탄소의 양은 세계 평균치보다 다섯 배나 높고, 유럽의 경우 두 배 가량 높아요. 그러나 아프리카와 남미 등 개발도상국은 훨씬 적은 이산화탄소를 배출합니다. 그마저도 세계화로 인해 점점 높아지는 추세이지요.

세계화가 진행되면 석유와 천연 가스 등 자원의 소비 역시 증가할 수밖에 없어요. 국제 무역의 필수 요소인 공장과 교통수단의 원료로 쓰이기 때문이에요.

▶▶▶ 기업의 책임

환경오염이 이토록 심각해진 데는 다국적 기업의 책임도 큽니다. 기업들은 경쟁에서 살아남기 위해 수단과 방법을 가리지 않고 이윤을 극대화하려 하지요. 환경 관련 규제를 지키자면 돈이 들기 때문에 어떻게든 피하려 해요. 다국적 기업은 환경 관련 규제가 엄격한 선진국을 떠나 규제가 느슨한 개발도상국으로 공장을 옮깁니다. 이렇게 되면 개발도상국은 환경오염을 피할 수 없겠지요. 즉 세계화가 개발도상국의 환경 문제를 초래하는 주범이 된 것입니다.

▶▶▶ 정보와 협동의 힘

앞으로는 세계화로 인한 환경 파괴가 감소할 것이라는 희망적인 전망도 나오고 있어요. 기술의 발달로 정보가 홍수를 이루면서, 공해를 유발하는 기업을 찾아내 고발하는 일이 한층 쉬워졌기 때문입니다. 반면 기업들은 환경파괴 행태를 비밀에 부치기가 어려워졌어요. 이제 환경단체는 기업을 시시각각 감시하고, 기업이 비윤리적인 행위를 할 경우 **불매운동**과 항의 시위를 벌입니다.

더 나아가 환경보호를 위한 국제 협약이 만들어지기도 해요. 최근에는 세계 각국의 지도자들이 모인 자리에서 기후변화에 영향을 주는 **오염물질**을 줄이기 위한 논의가 이루어졌어요. 그러나 여전히 선진국은 개발도상국에 비해 막대한 양의 환경오염 물질을 배출하고 있습니다. 규제를 더 엄격하게 바꾸면 대기업의 반발도 엄청나겠지요. 환경오염 문제는 아직도 민감한 사안이며, 전 세계적인 합의를 이끌어내기 위해서는 아직도 갈 길이 멀답니다.

🫘 축산업과 아마존

브라질의 아마존 열대우림은 세계에서 가장 귀중한 자원입니다. 이 열대우림에는 멸종 위기 생물 수천 종이 서식하고 있어요. 이뿐만 아니

라 이 열대우림은 전 세계에서 배출되는 이산화탄소를 흡수해 지구 온난화를 예방하는 중요한 역할을 하지요.

그러나 브라질의 산업이 성장하면서 열대우림은 심각한 위협을 받았습니다. 세계화로 인해 축산업에 수출의 길이 열렸고, 다국적 기업들이 브라질에서 생산된 쇠고기와 가죽을 수입하기 시작했어요. 축산업을 확장하기 위해서 사람들은 열대우림 가장자리의 나무를 베어 냈습니다. 소 방목뿐만 아니라 소의 사료로 쓰이는 대두(콩)를 재배하는데도 엄청난 크기의 땅이 필요하기 때문이에요. 그리하여 1991년부터 2000년까지 10년 동안 17만 제곱킬로미터 이상의 열대우림이 소 방목지와 농지가 되어 사라졌습니다.

급기야 환경단체들은 아마존 열대우림이 계속 파괴되는 것을 저지하고 나섰어요. 열대우림의 위기는 전 세계 사람들에게 알려졌지요. 브라질 정부도 열대우림을 지키기 위해 팔을 걷어붙였습니다. 2009년 그린피스는 브라질 축산업의 **삼림 파괴** 실태를 담은 보고서를 발표했어요. 소비자들 역시 적극적인 관심을 가지고 기업을 압박하기 시작했어요. 결국 나이키와 월마트 등 세계적인 다국적 기업들은 아마존의 열대우림을 훼손하는 기업의 쇠고기와 쇠가죽을 제품 생산에 사용하지 않기로 결정했습니다.

🫘 자유무역과 보호무역

여기서 생각해볼 문제가 있습니다. 세계화는 경제 성장과 발전을 이루어 전 인류의 삶을 향상시키는 원동력일까요? 아니면 부유한 선진국과 기업에 이익을 안겨주기 위해 빈곤한 사람들을 이용하는 도구에 불과할까요? 이는 1990년대 세계화가 정점을 이루었을 때부터 이미 뜨거운 논쟁거리가 되어 왔습니다.

▶▶▶ 세계화에 반대하는 사람들

전 세계의 시민단체들은 **자유무역**이 모든 이에게 공정하게 이루어져야 한다고 목소리를 높입니다. 그리하여 개발도상국에 진출한 다국적 기업을 적극적으로 감시하고 있어요. 기업이 벌어들이는 이윤이 사실

🏦 국제통화기금(IMF)과 아시아의 금융 위기

국제통화기금은 경제 위기를 겪는 국가에 자금을 지원하기 위해 설립된 국제기구입니다(다음 페이지를 보세요). 국가 지출을 줄이고 세금을 올려 예산의 균형을 맞출 것을 요구하지요. 그러나 국제통화기금의 정책이 오히려 문제를 일으킨 경우도 많습니다.

1990년대는 아시아에 경제 위기가 불어 닥친 시기였지요. 우리나라 역시 1997년 금융 위기를 맞아 국제통화기금의 지원을 받았어요. 국제통화기금은 정부에 돈을 빌려주는 대신 지출과 부채를 줄일 것을 강력하게 요구했어요. 사실 경제 침체의 시기에는 정부가 지출을 줄이기보다 오히려 적극적으로 지출을 많이 해야 경제의 흐름이 다시 원활해진다는 것이 경제학자들의 주장입니다. 그런데 국제통화기금은 급한 돈을 빌려 주면서 엉뚱하게도 정반대의 요구를 한 것이지요. 당시 금융 위기를 맞은 아시아 국가들이 빨리 회복하지 못한 것은 부유한 일부 국가와 다국적 기업의 배를 불리기 위한 국제통화기금의 음모였을지도 모른다는 의혹이 제기되기도 했습니다.

은 개발도상국 노동자를 착취한 결과물이라는 것이지요.

세계무역기구(WTO)와 국제통화기금(IMF), 세계은행(WB) 등 국제 금융 체제 역시 감시 대상입니다. 이 국제기구들은 경제 발전을 촉진시킬 목적으로 만들어졌지만, 본래의 목적을 잘 수행하고 있다고는 할 수 없어요. 여기서 통과된 정책은 개발도상국보다는 부유한 국가나 대기업에 훨씬 유리한 경우가 대부분이기 때문이지요.

국제기구가 설립된 목적은 무엇이며, 비판 받는 이유는 뭘까?

명칭	설립 목적	비판하는 의견
세계무역기구 (WTO)	국가 간의 자유무역 협상을 중재하기 위해 만들어졌으며, 관세와 할당제 등 각종 장벽을 낮추어 무역을 증진시키기 위해 노력합니다.	개발도상국 등 가난한 나라들은 세계무역기구가 요구한 대로 무역 장벽을 없앴지만, 부유한 나라들은 무역 장벽을 계속 유지해 공정한 무역이 이루어지지 않고 있습니다.
세계은행 (WB)	개발도상국의 빈곤을 줄이고 경제 발전을 돕기 위해 싼 **이자율**로 자금을 제공합니다.	강대국 중심으로 운영되며, 특히 세계은행의 전략이 개발도상국에는 도움이 되지 않고 오히려 상황을 악화시키는 경우도 많습니다.
국제통화기금 (IMF)	국가가 부채를 갚지 못하는 등 재정 위기에 처했을 때 일시적으로 자금을 빌려 주어 경제를 안정시키기 위한 목적으로 만들어졌습니다.	돈을 빌려 주는 대신 정부에 지출을 줄이도록 요구해 어려운 경제 상황을 더 악화시켰고, 전 세계의 비난을 받는 독재 국가에도 돈을 빌려 주어 독재 정권 유지를 방조했다는 비난을 받습니다.

🫘 국제기구의 대응

비판의 목소리가 커지면서, 국제 금융 기구는 이제 세계 경제 체제를 좀 더 공정하게 운영하기 위해 노력하기 시작했어요. 세계무역기구는

1999년 미국 시애틀에서 거대한 시위가 열린 뒤로 개발도상국의 의견을 반영하는 방향으로 태도를 바꾸었지요. 그리하여 최근에는 전 세계의 가난한 농민을 돕기 위해 농업의 장벽을 낮추는 방안을 논의하고 있어요. 세계은행의 경우 빈곤을 줄이는 경제 발전 계획에 초점을 맞추고 있답니다.

9. 해결책 모색하기

세계화의 위험성이 드러나면서 사람들은 함께 머리를 맞대고 해결책을 모색하기 시작했어요. 무역의 이득이 모든 이에게 공평하게 돌아가도록 노력하는 한편, 경제 성장에 따른 환경오염을 줄이기 위해 고민하고 있지요.

🏅 정상회의 개최

현재 세계 각국의 정상들은 국제 금융 기구가 본래의 역할을 제대로 수행할 수 있도록 다각도로 노력을 기울이고 있어요. 처음에는 미국, 영국, 프랑스 등 세계에서 영향력이 큰 7개국이 G7이라는 모임을 만들고 금융 체제에 대해 논의했지요. 그러자 더 많은 국가가 여기에 참여하기 시작했고, 마침내 유럽연합과 19개국이 모인 G20이 탄생했습니다. G20에는 우리나라도 포함되어 있지요. G20 국가들은 2008년 세계적인 금융 위기가 터졌을 때도 함께 모여 대책을 모색했어요. 당시 G20

국가들은 서로 긴밀한 협조 체제를 갖춰 세계적인 금융 위기를 신속하게 극복해 나갔습니다. 2010년에 한국에서 개최된 G20 서울정상회의 역시 세계 각국이 앞으로 나아가야 할 방향을 논의하는 자리였답니다.

🔘 환경 문제 개선

각국의 정상들은 세계화와 경제 발전으로 인해 더 이상 환경이 오염되지 않도록 방법을 논의하기도 합니다. 환경 전문가들은 산업의 발달과 함께 증가한 이산화탄소로 인해 지구의 기온이 높아지고 환경 재앙이 일어난다고 주장해요.

이러한 위기를 막아 보자는 취지 아래 개최된 것이 기후변화 정상회

🖼 세계적인 경제 위기

세계화의 가장 큰 문제점은 경제 위기 역시 전 세계로 순식간에 퍼져 나갈 수 있다는 것입니다. 국제 금융 체제로 세계가 하나로 묶여 있기에 한 나라에서 발생한 위기가 이웃나라로 번질 위험이 크지요. 예를 들어 2007년의 세계적인 경제 위기는 미국에서 처음 시작되었으나 이내 전 세계를 덮쳤어요. 당시 미국 국민들은 은행에서 대출(모기지)을 받아 집을 샀지요. 집값이 계속 오를 것이라 확신한 사람들은 갚을 능력이 없으면서도 무리하게 대출을 받았고, 빚을 갚지 못하는 지경에 이르렀어요. 모기지 상품에 투자했다가 큰돈을 몽땅 날린 사람도 많았지요. 미국에서 시작된 경제 위기는 결국 도미노가 쓰러지듯 전 세계로 확산되었습니다. 좋은 시기에 함께 성장했던 것처럼 전 세계 국가들은 위기 역시 함께 겪어야만 했습니다.

의입니다. 이처럼 각국이 힘을 모으는 가운데, 세계는 올바른 방향으로 한 발짝 더 내딛고 있습니다.

🫘 소비자들의 대응

오늘날 모든 정보는 어느 때보다 빠르게 움직입니다. 이 때문에 소비자들은 먼 나라에서 벌어지는 불공정한 무역 행태에 대해서도 쉽게 알 수 있지요. 노동자가 노예 같은 대우를 받거나 임금을 받지 못한다는 사실이 방송 또는 인터넷으로 순식간에 전 세계로 퍼져 나갑니다. 깨어 있는 소비자들은 노동자를 착취하는 기업에 항의하거나, 더 나아가 불매운동을 벌이기도 해요. 소비자의 의견을 반영하지 않으면 당장 손해를 보기 때문에 기업은 이들의 말에 귀를 기울여야만 합니다.

🫘 개선을 위한 노력

국가 간의 무역이 시작된 뒤부터 세계화는 수세기 동안 꾸준히 진행되어 왔습니다. 인터넷과 위성, 교통의 발달로 세계화의 속도는 더욱 빨라지고 있어요. 앞으로도 이런 추세는 계속될 것입니다. 상품과 돈, 정보 등 모든 것이 국경 없이 자유롭게 넘나들며 나라 간의 거리를 좁히겠지요. 각국의 독특한 문화는 융합되어 하나의 거대한 문화를 이루게 될 것입니다.

이와 동시에 사람들은 세계화가 초래하는 부작용에 대해서도 잘 알게 될 것입니다. 세계화는 지구촌 전체의 경제를 발전시키고 빈곤을 줄일 수 있지만, 동시에 철저하게 감시하고 규제해야만 제 역할을 다할 수

🍃 공정무역 🍃

여러분도 국제 무역이 공정하게 이루어지도록 직접 도울 수 있어요. 농민과 노동자에게 정당한 대가를 지불하여 생산된 물건을 구매하는 것이지요. 이것을 공정무역이라 합니다. 최근 공정무역에 대한 관심이 높아지면서, 시민단체 등은 제품의 생산 과정을 꼼꼼하게 살펴 노동자들이 공정한 대가를 받았는지 확인한 뒤 공정무역을 보증하는 라벨을 붙여 줍니다. 공정무역 라벨이 붙은 상품을 구매하면 여러분 역시 공정무역에 적극적으로 힘을 보탤 수 있는 셈이에요. 물론 정당한 대가를 지불한다는 의미가 담겨 있어 공정무역 제품은 다소 값이 비싸답니다.

2009년 공정무역을 지지하는 시민단체가 영국 런던의 트라팔가 광장에서 개최했던 시위 모습입니다. 공정무역으로 생산·유통된 바나나를 구매하자는 소비자 운동이지요.

있어요. 개인뿐만 아니라 국제기구 역시 세계화로 인한 불공정 거래와 환경오염 등 부작용을 막을 수 있도록 최선을 다해야 해요.

🫘 세계화가 나아갈 길

경쟁이 공평하게 이루어지더라도, 승자와 패자는 언제나 존재합니다. 세계화 덕택에 소비자는 싼 가격으로 원하는 상품을 마음껏 고를 수 있게 되었지만, 달리 생각하면 세계화 때문에 일터가 해외로 이전되어 일자리를 잃을 수도 있어요. 그러므로 미래에 닥쳐올 새로운 환경에 적응하는 능력을 길러야 합니다. 정부 역시 미래를 내다보고 노동자들을 위한 첨단 직업 교육에 투자해야 해요.

세계화가 이루어지면서 개발도상국은 새로운 기회를 맞이했어요. 하지만 낮은 보수를 받고 오랜 시간을 일하게 된 노동자들은 힘들어진 것이 사실입니다. 그러나 세계화가 긍정적인 방향으로 진행된다면 전반적인 삶의 질이 향상되고 더 나은 일자리도 많이 생겨나겠지요. 점차 노동자들은 높은 임금을 받게 되고, 국가 전체의 경제도 발전할 것입니다.

세계화가 모든 문제를 해결할 수 있는 열쇠는 아니에요. 앞으로 경제 발전은 선진국뿐만 아니라 개발도상국의 빈곤 역시 해소하는 방향으로 나아가야 해요. 더 많은 사람들이 가난에서 벗어나고 타고난 능력을 온전히 발휘할 수 있게 된다면, 모든 인류는 함께 미래를 향해 나아갈 수 있을 것입니다.

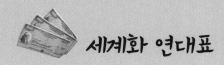

세계화 연대표

1945년	제2차 세계대전이 끝난 뒤 국가 간의 무역이 재개되었습니다. 이때 미국이 발표한 세계 무역 및 고용의 확대에 관한 제안은 세계 각국이 '관세 및 무역에 관한 일반 협정(GATT)'을 맺는 계기가 되었습니다. 세계은행(WB)과 국제금융기구(IMF)가 창설된 해이기도 합니다.
1947년	냉전 시대가 개막되면서 공산주의와 자본주의 국가 간 무역이 제한을 받았습니다.
1975년	컴퓨터와 위성의 발달로 국제 무역이 더욱 활발해지기 시작했습니다.
1988년	미국과 캐나다가 양국 간의 무역 장벽 제거를 목표로 자유무역협정(FTA)을 체결했습니다.
1989년	독일의 베를린 장벽이 무너지고 서독과 동독이 통일되었습니다. 동시에 자본주의가 세계의 주류 경제 체제로 올라섰습니다.
1991년	인터넷 통신망(WWW, 월드와이드웹)이 개설되어 전 세계가 하나로 연결되었습니다.
1992년	미국과 캐나다, 멕시코가 북미자유무역협정(NAFTA)을

맺었습니다.

1993년

유럽 국가의 경제를 하나의 공동체로 묶기 위한 목적
으로 유럽연합(EU)이 창설되었습니다.

1995년

세계무역기구(WTO)가 설립되었습니다.

1997년

거대한 경제 위기가 아시아 전체를 휩쓸었습니다.

1999년

미국 시애틀에서 약 5만 명이 참가한 가운데 WTO의
정책과 세계화에 반대하는 시위가 열렸습니다.

2001년

세계무역기구(WTO) 제4차 각료회의에서 새로운 다자
간 무역협상인 도하개발어젠다(DDA)가 채택되었습니
다. 앞선 협상들과 달리 개발도상국가들의 주장을 반
영하여, 국제기구가 개발도상국의 경제개발 지원에도
공감대를 형성했다는 의미가 있습니다.

2005년

전 세계 시민단체가 모여 '빈곤 퇴치를 위한 지구 행동
(Global Call to Action against Poverty)'이라는 슬로건 아
래 세계사회포럼을 만들었습니다. 이들은 선진국에
공정무역을 실현하고 빈곤 국가의 빚을 탕감해줄 것
을 요구했으며, 현재까지도 지구촌 빈곤 문제의 해결
책을 모색하고 있습니다.

2007~2010년

서브프라임 모기지 사건으로 시작된 미국의 금융 위

기로 인해 전 세계가 경기 침체에 빠졌습니다.

2011년

경제 위기의 여파는 유럽에도 영향을 미쳐, 유로를 함께 사용하는 유로존의 국가들이 줄줄이 유럽연합에 구제금융을 신청했습니다.
우리나라에서는 많은 논란과 우려, 기대 속에 '한-미 FTA 및 한-EU FTA'가 국회에서 통과, 발효되었습니다.

용어 설명

개발도상국 산업의 근대화와 경제 개발이 선진국에 비하여 뒤떨어진 나라.

경제 이론 경제가 작동하는 방식을 설명하는 이론.

경제학 사회가 어떻게 한정된 자원을 효율적으로 이용할지를 공부하는 학문.

경제학자 경제가 작동하는 방식을 연구하는 사람.

공급 기업이 생산한 재화나 서비스를 팔기 위해 시장으로 가져오는 수량.

관세 수입한 상품에 부과하는 세금.

국내 총생산(GDP) 한 국가 내에서 한 해 동안 생산된 모든 재화와 서비스의 시장 가치를 합한 수치.

규제 개인이나 기업의 행동을 통제하기 위하여 규칙이나 규정으로 일정한 한도를 정하거나 정한 한도를 넘지 못하게 막음.

균형 가격 어떤 상품의 수요량과 공급량이 같아지는 가격.

기업 이윤을 얻기 위하여 재화나 서비스를 생산하고 판매하는 조직체.

기회비용 여러 가능성 중 하나를 선택했을 때 그로 인해 포기해야 하는 가치.

노동조합 노동자의 권리를 주장하고 사회적 지위를 향상시키기 위하여 조직한 단체.

다국적 기업 여러 나라에 지사나 공장 등을 거느리고 경영 활동을 벌이는 기업.

독점 한 회사가 대체재가 없는 제품을 생산하면서 가격을 결정하고 시장을 점령하는 시장 구조.

무역 불균형 다른 나라에 물건을 많이 팔면서도 그 나라에서 생산되는 물건을 거의 사지 않음.

무역 블록 비슷한 지역끼리 서로 자유로운 무역을 약속한 국가의 집합.

무역 장벽 자유무역을 제한하는 각종 조치.

무역 적자 국가가 수출한 양보다 더 많은 양을 수입했을 때.

무역 흑자 국가가 수입한 양보다 더 많은 양을 수출했을 때.

보조금 정부가 특정 상품의 수출, 수입량에 영향을 주기 위해 국내 생산자에게 지원해 주는 돈.

불경기 경제 성장이 매우 느리게 진행되는 기간. 이 시기엔 노동자의 평균 임금이나 소매 판매 같은 경제 지표가 하락합니다.

불매운동 특정 국가나 기업에 대한 항의나 저항의 뜻을 표시하기 위하여 어떤 특정한 상품을 사지 않는 일.

브레튼우즈 회의 제2차 세계대전이 끝난 뒤 1944년 미국 뉴햄프셔 주 브레튼우즈에서 개최된 국제 통화 금융 정책 회의.

비교 우위 다른 나라보다 적은 기회비용을 들여 물건을 생산하는 능력. 국가나 기업이 무엇을 생산할지 결정할 때 비교 우위를 고려합니다.

사회기반시설 도로나 항만, 통신 등 사회에 필요한 기본적인 시설.

삼림 파괴 숲이나 삼림의 나무를 함부로 베어 냄.

상품 사고파는 물품.

생산자 재화나 서비스를 만들어 내는 사람.

서비스 물질적 재화 이외의 생산이나 소비에 관련한 모든 경제 활동.

선진국 다른 나라보다 정치·경제·문화의 발달이 앞선 나라.

세계화 무역과 기술의 발달로 개인과 국가가 하나의 세계로 연결되는 과정.

세금 정부가 필요한 경비로 사용하기 위하여 개인이나 기업의 소득, 재산, 구입한 물품 등에 강제적으로 부과하는 돈.

소비자 구매자.

수요 소비자가 구매할 의향과 능력이 있는 재화와 서비스의 수량.

수익 상품을 판매해서 벌어들인 돈이나 이익.

수입 다른 나라로부터 상품을 사들임.

수출 국내에서 생산한 상품을 외국에 갖다 파는 일.

아웃소싱 기업이나 기관이 비용 절감, 서비스 수준 향상 등의 이유로 일부 서비스를 외부에 위탁하는 일.

연금 기업이 직원들 대신 적립하는 펀드로, 직원들은 퇴직하면 돈을 받을 수 있습니다.

오염물질 대기, 토양, 수질 등 환경을 오염시키는 물질.

이윤 총수입에서 총비용을 빼고 남는 순이익.

이자율 원금에 대한 이자의 비율.

자본 사람이 생산한 자원 혹은 투자 자금.

자본주의 사유 재산 인정을 바탕으로 하는 자유 시장 경제 체제.

자원 재화나 서비스를 생산하거나 구매하는 데 필요한 원료나 노동력 등을 통틀어 이르는 말.

자유무역 국가간의 교역이 규제 없이 자유로이 이루어지는 무역 형태.

재택근무 집에서 회사의 업무를 보는 일.

절대 우위 한 지역이 주어진 자원에서 같은

상품을 다른 지역보다 많이 생산하는 것.

주식 주식회사의 자본을 구성하는 단위.

착취 자본가나 지주가 노동자의 노동에 비해 싼 보수를 주고 그 이익의 대부분을 독점하는 것.

통화 돈.

파산 개인이나 기업이 빌린 돈을 갚지 못하는 것.

프리랜서 일정한 소속이 없이 자유 계약으로 일하는 사람.

할당제 수입하는 상품의 양을 제한하는 조치.

해외 이전 기업의 일부를 다른 나라로 옮김.

재미있는 인터넷 사이트

지식경제부 어린이 홈페이지 http://cyber.mke.go.kr/child

무역 육성과 투자 유치, 에너지 공급 등 지식경제부가 하는 일에 대해 소개하고, 세계 속에서 활발한 무역을 통해 성장하는 우리나라의 모습을 보여주는 사이트입니다. '알기 쉬운 용어사전'에서 궁금한 경제 용어를 검색해 볼 수도 있어요. '알기 쉽게 쏙쏙!' 코너에서는 우리 생활에 유용하게 쓰이는 에너지가 어떻게 만들어지는지, 우리나라의 경제성장을 이끌었던 산업은 무엇인지, 무역은 왜 필요한지를 쉽고 자세하게 알려줍니다.

[한국은행 경제교육] 어린이 경제마을, 청소년 경제나라

http://kids.bokeducation.or.kr, http://youth.bokeducation.or.kr

경제의 기본 개념들을 동영상으로 학습하고, 경제 만화나 경제 역사 이야기, 경제 칼럼 등을 보며 자연스럽게 경제에 친숙해집니다. 배운 것을 다시 퀴즈로 풀어 보고, 게임으로도 즐기면서 익힐 수 있게 꾸며져 있습니다. 친구들이 궁금해 한 질문과 답변 모음을 보는 코너도 있고, 참고할 경제 도서 목록도 있습니다.

기획재정부 어린이·청소년 경제교실 http://kids.mosf.go.kr

기획재정부는 우리나라 경제 정책을 수립하고 조정하는 중심적인 역할을 수행하고 있습니다. 기획재정부에서 만든 경제교실 사이트에서는 경제 개념 동영상 강의는 물론 경제학자 이야기, 경제 용어 사전, 경제 실력 알아보기 퀴즈, 경제 뉴스 등 다양한 코너가 마련되어 있습니다.

어린이 기후변화 교실 http://www.gihoo.or.kr/portal/child

세계화로 인해 산업이 급격히 발달하면서, 기후변화라는 환경 문제가 인류 생존을 위협하는 요소로 자리매김하게 되었습니다. 이에 따라 국제 사회는 범지구적 차원의 국제협약을 체결하였고, 우리나라도 이러한 기후변화를 막기 위한 움직임에 참여하고 있지요. 환경부에서 만든 어린이 기후변화 교실은 기후가 왜 변하고 있는지, 무엇이 문제인지, 기후변화를 어떻게 막을 수 있는지 차근차근 알려주고 일상생활 속에서 실천할 수 있는 방안도 소개해요. 자료실에서는 기후변화에 대한 동영상 자료와 교육용 게임, 만화 등을 자유롭게 이용할 수 있습니다.

꿈나무 푸른교실 http://www.e-gen.co.kr

삼성엔지니어링이 만든 국내 최초의 사이버 환경교육 사이트로 환경을 물, 대기, 에너지, 인간과 환경, 폐기물과 재활용, 기후변화의 7가지 주제로 나누어 다양한 교육 콘텐츠를 제공합니다. 학생들이 직접 참여할 수 있는 환경기자단을 운영하며 자유 프로젝트 메뉴에서 나만의 콘텐츠를 만들어 관리할 수도 있습니다. 환경에 관한 플래시와 동영상,

사진, 퀴즈, 게임 등을 즐기는 가운데 지구 환경의 중요성을 깨달을 수 있도록 구성되어 있어요.

🍀 한국의 주요 공정무역 단체

아름다운가게 아름다운커피 www.beautifulcoffee.com
한국YMCA 피스커피 www.peacecoffee.co.kr
페어트레이드코리아 그루 www.fairtradegru.com
두레생협연합회 APnet www.apnet.or.kr
iCOOP생협연합회 www.icoop.or.kr
한국공정무역연합 www.fairtradekorea.net
기아대책 행복한나눔 www.sharinghappiness.or.kr

찾아보기

내인생의책은 한 권의 책을 만들 때마다
우리 아이들이 나중에 자라 이 책이 '내 인생의 책'이라고 말할 수 있는 책을 만들고자 합니다.

청소년을 위한
세계경제원론 **04** 세계화의 두 얼굴
(원제: Business Without Borders: Globalization)

데이비드 앤드류스 글 | 김시래, 유영채 옮김 | 이지만 감수

1판 1쇄 2012년 2월 23일 | 1판 2쇄 2014년 4월 30일
펴낸이 조기룡 | 펴낸곳 내인생의책 | 등록번호 제10-2315호
주소 서울시 강서구 가양동 52-7 강서한강자이타워 A동 306호
전화 (02)335-0449, 335-0445(편집) | 팩스 (02)6499-1165
전자우편 bookinmylife@naver.com | 홈 카페 http://cafe.naver.com/thebookinmylife

The Global Marketplace, Business Without Borders: Globalization
Text: David Andrews
© Capstone Global Library Limited 2011
All rights reserved

ISBN 978-89-91813-65-6 44320
ISBN 978-89-91813-66-3(세트) 44320

책값은 뒤표지에 있습니다.
잘못된 책은 구입처에서 바꾸어 드립니다.

이 도서의 국립중앙도서관 출판시도서목록(CIP)은 e-CIP 홈페이지(http://www.nl.go.kr/ecip)에서 이용하실 수
있습니다. (CIP제어번호: CIP2012000664)

책은 나무를 베어 만든 종이로 만듭니다.
그래서 원고는 나무의 생명과 맞바꿀 만한 가치가 있어야 합니다.
그림책이든 문학, 비문학이든 원고 형식은 가리지 않습니다.
여러분의 소중한 원고를 bookinmylife@naver.com으로 보내주시면
정성을 다해 좋은 책으로 만들겠습니다.

청소년을 위한
세계경제원론

이론과 현실을 조화롭게 아우른 생생한 세계경제원론서!

'세계경제'의 시대를 살아갈 우리 청소년들이 경제를 바로 알고, 경제 문제에 현명하게 대처해 나갈 수 있도록 튼튼한 첫 단추를 끼워주고자 이 책을 출간합니다. 25년 경력의 경제 전문 기자가 번역하고 경제·경영 교수가 감수하여 전문성을 담보하였고, 풍부한 사례와 연구 결과로 뒷받침하며 이해하기 쉽게 서술하였습니다.

청소년을 위한 세계경제원론 - 01 경제학 입문

바바라 고트프리트 홀랜더 글 | 김시래, 유영채 옮김 | 이지만 감수

수요와 공급에서부터 사업 조직, 대출과 이자, 중앙은행과 정부의 역할, 경제 체제 그리고 무역에 이르기까지 경제학에 대한 개념을 세웁니다.

청소년을 위한 세계경제원론 - 02 금융 시장

애론 힐리 글 | 김시래, 유영채 옮김 | 이지만 감수

'투자'의 기능과 함께 금융 시장의 개념과 작동 원리, 예금, 적금, 주식, 채권 등 다양한 투자의 세계를 알아봅니다.

청소년을 위한 세계경제원론 - 03 경제 주기

바바라 고트프리트 홀랜더 글 | 김시래, 유영채 옮김 | 이지만 감수

세계금융시장의 역사와 더불어 경제 주기는 어떤 패턴으로 반복되는지, 현재 경제가 호황기인지 불황기인지 판단하는 지표는 무엇인지를 살펴봅니다.

청소년을 위한 세계경제원론 - 04 세계화의 두 얼굴

데이비드 앤드류스 글 | 김시래, 유영채 옮김 | 이지만 감수

시장과 무역의 역사를 살펴보고, 세계화가 노동자와 기업, 선진국과 개발도상국, 환경과 문화 등 사회 전반에 미치는 영향과 부작용 등을 알아봅니다.